U0924459

大众儒学经典

—四书五经通解—

五经

陈杰思◎编著

中国人民大学出版社
·北京·

总　序

回归大众是当代儒学的天命

赵法生

进入21世纪以来，一股全国性的大众儒学热潮从各地涌起，成为当代中国最值得关注的文化事件。这波儒学热的兴起自然不是无本之木，它既是儒学被人为压抑摧折一个多世纪后的强力反弹，又反映了转型社会对于道德底线失守的焦灼，更是古老的儒家传统在国家现代转型的历史背景下，重新探寻自己的社会定位以图返本开新的努力。因此，无论着眼于历史还是现实，大众儒学的兴起都具有重要意义。

一、大众儒学的历史渊源

从社会学存在的角度分析，传统中国的儒学存在形态包括朝廷儒学、士大夫儒学和民间儒学三部分。朝廷儒学具有较强的政治色彩，主要是政治儒学；士大夫儒学重在阐释儒家道统；民间儒学面向社会大众，重在化民成俗，是教化大众的儒学。民间儒学的政治色彩较淡，也不太关注理论体系的建构，它关心的是人伦日用和生活践履。如果说作为一个学派的儒家的诞生是儒教国家建构的逻辑起点，儒学普及化和大众化的完成则是儒教中国形成的现实标志。在历史上，朝廷儒学、士大夫儒学和民间儒学既相互影响，又彼此有别，构成了彼此间复杂的张力关系。

在传统中国，儒学的大众化与民间化有一个长期的历史发展过程。《礼记·学记》说："古之教者，家有塾，党有庠，术有序，国有学。"孔颖达认为："周礼：百里之内，二十五家为闾，同共一巷。巷首有门，门边有塾。"已经有学者指出，将普及化的塾庠制度推到三代的说法，多半是为了突出儒家教学制度的悠久性，并不完全符合历史事实。三代之时，学在官府，"六经"皆为王官典藏秘籍，王官之学是学在君侯与学在世卿，教育与大众无缘。西周礼乐虽然文质彬彬，极一时之盛，却同样"礼不下庶人"。

儒学走向大众的历史转折点是孔子在民间开创私学。在王官之学衰微的历史背景下，孔子开始民间讲学，首次将原先被禁锢于庙堂之上、作为王官贵族特权的六艺之学传播到民间。孔子的民间讲学无疑是大众儒学的历史起点，它在儒学发展史上具有三方面的重要意义。

首先，孔子的私学拆除了贵族与平民之间的教育壁垒，开创了大众儒学的先声。孔门教育以有教无类著称，来到孔门受教的，有世卿官贵、富商巨贾、贩夫走卒、无业游民等，以至于时人感叹："夫子之门何其杂也!"孔子之前的王官之学属于贵族之学，诗书礼乐高雅非凡，却是"此曲只应天上有，人间哪得几回闻"。它们出现伊始就被封锁在贵族的深宅大院之中，无由进入寻常百姓家，社会也因此而划分为有教养的贵族和没有教养的群氓两部分，前者为"君子"而后者为"小人"。然而，随着一位圣贤的到来，这一文化的壁垒被打破了。儒学本来是属于贵族的，但是，现在它开始走向平民，并在民间社会找到了更为深厚的土壤。从此，"君子"与"小人"从以是否拥有官爵来区分，变成以是否具有德行来区分。在朝衮衮诸公可以是"小人"，贫寒如颜回者也可以称"君子"。儒学深入民间使得过去的"野人"（周代与"国人"相对）也具备了高雅的贵族气质。孔子是中华文明史上最重要的一位拆墙者，他拆掉了那道古老的墙，将礼乐文明的清流引入民间的沃土。

其次，孔子的私学在官学之外培育了一个致力于传道授业的师儒阶层，该阶层成为儒学走向大众的主导力量。孔子去世后，子夏设教于西河，曾子设教于武城，其他门徒也在各地继续推广儒学。汉代以后逐渐形成了覆盖全社会的儒家教化体系，使儒学成为全民性的人生指南与信仰，此举对于中华文明的意义，堪与基督教之形成对于西洋文明的意义相媲美。

最后，孔子不仅将文化的火种传播到民间，而且通过创立儒家学派，革新了王官之学的精神，为它注入了新的灵魂。礼乐文明内涵丰富，孔子特别注重者有二：一是仁，二是礼。如果说周公之时礼乐制度已经大备，那么仁学的开创无疑是孔子对于中国文化的重大贡献。孔子强调仁，意在启发人人本具的仁爱之心，从而将西周礼乐文明落实到心性层面，仁爱的实践又始于孝悌谨信，乃人人可知、可悟、可学、可行的人伦之道，由此行忠恕絜矩之道，推己及人，达于天下。我们看孔子在《论语》中教人，不讲高深道理，所谈都是日常生活中为人处世之道，随机点化，循循善诱，启发觉悟，再辅之以礼乐熏陶，使人在日生日成的修习中改变气质，涵养品德，成为君子。这样一种教育方式，由于从最基本的孝悌之道开始，合乎人心，贴近生活，便成功地将贵族的王官之学平民化、大众化。此为中国文化自周代以来的一大转折，它将高雅的贵族文化普及到民间大众，开创了中国文化的儒家化时代，孟子说“人皆可以为尧舜”，荀子说“涂之人可以为禹”，便是从心性角度对于儒学普遍性与大众性的最好说明。因此，孔子开创儒学，实现了礼乐文明的精神自觉，不仅开创了中华文化的师儒时代，同时也开辟了儒家文化的大众化时代。

儒家学派的创立，完成了由道在王官向道在师儒的转化，将君师合一的文化格局演进为君师为二，但这仅仅是一个伟大文化进程的开端，这一进程的最终目标是道在大众。如果说汉唐是儒学主体地位的形成时期，宋代则是儒学继续向民间扩展，并形成一系列大众教化体系的关键时期。大众儒学体系到宋代臻于完备，科举制度的发展催生了大量民间私塾，使得“古之教者，家有塾，党有庠，术有序，国有学”说法接近现实。据统计，到1935年年底，晚清政府下达取缔私塾的诏书三十多年后，全国依然有私塾101 027所，由此可以想见当年私塾盛极一时的情景。朱熹在司马光《书仪》的基础上完成《朱子家礼》，为家礼的推广普及奠定了基础；北宋蓝田吕氏乡约的创立，开创了以儒家道德为基础组织乡村自治的治理模式，使得儒家组织基层社会的功能更加制度化。明代泰州学派的民间讲会，标志着儒学民间化的继续深入。此后，明清两代都在推广和发展乡约制度，以至于近代梁漱溟的乡村建设试验的主旨，依然是“本古人乡约之意来组织乡村”。

大众儒学的另一重要方面是儒学与民间信仰的结合，逐渐形成了民间社会具有儒家色彩的信仰体系。无论是祖神崇拜还是土地神、关帝、山神、河神等英雄和自然神崇拜，都是制度化的民间信仰，用以解决乡民对于超验世界的追求，可以视为大传统向民间小传统渗透的案例。

基本教义的普及化与大众化是任何一个文明都要完成的工作，但路径并不相同。与基督教和佛教等制度化宗教不同，儒家采取的私塾、乡约等多种教化形式，的确显示了儒家教化的弥散性，但其最终目的同样是儒学义理的大众化，而且这些看上去颇为弥散的教化形式同样是富有成效的，因为它们是源自民间的，也是富有生机与活力的。以乡学、乡约、家礼、家谱、家教和乡土信仰为主干的大众儒学，遍布于传统中国的基层社会，那些在大传统看来不起眼的私塾先生、乡绅和民间宗教的组织者，甚至那些不识字的乡村老大爷和老太太，由于在数千年间深受儒家礼乐文明的熏陶，也在不知不觉中成为生活中的“儒教徒”，躬行并传播着儒家的人生观，以至于在传统文化的传播体系已经式微的今天，我们依然可以在乡间那些年逾古稀的老人身上，看到诚朴、敦厚、礼让的君子风范，真可谓“礼失而求诸野”了。

二、大众儒学的近代挫折

近代以降，知识界在救亡与启蒙的双重压力下，对于儒学的批判日渐严厉，经过一次次激烈反传统运动的打压摧残，到“文化大革命”期间，不仅儒家思想被彻底否定，儒家在社会上的传播体系也被连根拔起。近代思想界全面否定儒学，基于如下一个基本认知：儒家思想与民主科学不能两立，进而把儒家的人伦道德与自由、平等和人权完全对立起来，必欲打倒前者来建立后者。这其中包含着不小的误解。自由、平等是政治权利，它与儒法互补后产生的三纲之说的确矛盾，但与儒家的基本人伦如父子有亲、夫妇有别、长幼有序、朋友有信以及礼、义、廉、耻等道德规范并不必然矛盾。比如，我和我爷爷同为中华人民共和国的公民，从政治权利上讲是平等的，但在家族辈分上又是不平等的。如果说我给我爷爷鞠个躬就侵犯我的人权了，这实在是笑话，是不同社会界域的错乱和混淆，这种错乱和混淆对于中国近代思想产生了深远影响。

其实，儒家的历史观并没有“文化大革命”中所批判的那样保守。它区分历史文化中的变与常：常是历史中不变的根基，犹如静水流深；变是历史中可变的成分，比如具体典章制度。仁、义、礼、智、信“五常”，可以说是儒家的核心价值观，也就是儒家的常道。在儒家看来，五常是历史中永恒不变的，但五常之根本，又在于一个“仁”字，其他四德都是仁的展开，五常八德不外是仁的实现。另外，仁也是儒家文化汇通民主、自由、平等思想的有效媒介，民本是孔子仁学的重要原则之一，民本固然不是民主，但是，绝不能说它背离民主，与民主不能相容，民主的实现在很大程度上可以确保民本目标的实现。古人说仁通四海、义通天下，仁正是中华文明守常达变、融通中外的思想原点。

可是，近代思想界对于儒学的批评，没有区分儒家义理中的变道与常道，也没有区分儒学在不同社会层面之间的差异。那种以偏概全的全面批判，否定了儒家思想中所包含的普适性的道德规范，却忽视了本来应该重点反思清理的对象，其结果对于儒学和中华文化都是灾难性的。就儒学的三种不同社会存在形态而言，汉以后的朝廷儒学与君主专制的联系最为密切，的确与民主法治无法兼容，应该彻底否定，至于士大夫儒学就要复杂得多。汉以后的士大夫儒学，既有与君主专制相妥协的一面，又有试图用儒家道统制约和范导君权的一面，二者呈现出颇为复杂的关系，不仅汉代儒者董仲舒如此，历代真儒者也大多如此。另外，尽管部分儒家士大夫已经被体制化而丧失了君子的人生理想，但是，仍有相当一部分士大夫坚持儒家的道统与人格操守，构成了鲁迅所说的中国的脊梁。近代以来对于士大夫精神的否定和士大夫阶层的整体消亡，使得民族文化的脊梁遭受毁灭性打击。至于民间儒学，则主要是道德礼俗和民间信仰。传统民间社会具有悠久的自治传统，民间儒学也是三个构成部分中沾染法家式的专制气息最少的部分，它是民间社会自组织的精神动力，也是维护民间正常文化生态和社会生态的关键要素。它们就像是广袤大地上的草丛与灌木，尽管生来就缺乏高大上的外观，却是礼、义、廉、耻这些基本人伦底线的真正捍卫者。如果将它们也作为“反动”的东西彻底铲除，随之而来的只能是基层社会难以避免的文化荒漠化。

不幸的是，这正是近代以来中国文化遭遇的现实情境。本来应该进行的对于传统文化的理性反思，被“打倒孔家店”这样一句情绪化的口号所替代，进而演化为十年“文化大革命”中对于传统文化扒祖坟式的全面破坏。在“文化大革命”结束之后转向市场经济时，由于没有了基本伦理道德规范的支撑，没有了君子人格和士大夫阶层对于道义的坚守，没有了民间儒家教化体系的引导和护持，加以社会法制不健全，市场法则便犹如脱缰的野马，肆无忌惮地闯入了一切社会领域，金钱至上也成为在不同领域畅行无阻的至上法则。现代转型尚未完工，道德底线已然崩解，基本人伦价值的瓦解和人生规范的丧失，将生活变成人与人的战争，使社会陷入了无义战的“春秋困境”，社会上的每一个人都在咀嚼着这一苦果。这也使得社会文化领域里的真正建设成为不可能，因为文化的地基出现了严重问题。

三、大众儒学的未来发展

对于近代以来儒学悲剧性命运成因的分析，同时也就为儒学在当代的复兴启示了可能的方向。辛亥革命推翻了两千年的帝制，使得朝廷儒学失去了存在的基础，而士大夫阶层在剧烈的社会变革中集体消亡，也使得士大夫儒学不可避免地发生转变。三者之中，唯一继续存在的主体是社会大众。传统儒家士大夫既要得君行道，又要觉民行道。但是，由于君主制的废除，政教分离已经成为现代社会普遍承认的原则，得君行道的历史空间已经丧失，而觉民行道则成了儒学复兴的主战场。因此，大众儒学已经无可避免地成了新时期儒学复兴的重心，士大夫儒学与大众儒学在新的历史形势下重新组合，是当代儒学复兴运动的必然要求。站在两千五百多年的儒学史上眺望当代，我们可以预见，大众儒学的时代已经到来了。大众儒学在精神上是贵族化的，在形式上又是大众化的，是高雅贵族精神与普通民众生活相贯通的产物；大众儒学既是历史的，又是当代的，是经典的光华在当代社会的重现；大众儒学既是对儒家道统的继承，又是对儒家思想与传播体系的再创造，且以中和的精神和包容的态度汲取全球化时代各大文明的营养。今天的大众儒学是古老儒家返本开新的产物，也是儒学复兴在当代中国的新命运！

近期的儒学复兴波及了家庭、村庄、社区、企业、学校、机关，甚至监狱等大多数社会组织，具有广泛的大众性和突出的民间性，其主要推动力量首先来自民间。以私塾、书院为例，清廷于 1903 年下诏废除私塾、书院，但始料未及的是，进入 21 世纪以来，社会上又兴起了私塾、书院热，到 2014 年，全国各地的私塾、书院已有数千家，绝大多数属于民办，基本上都是 2000 年以后成立的。儒学在民间的发展一直伴随着争议，孟母堂的理念受到教育部门的质疑，汤池小镇模式最终被叫停，《弟子规》的推广遭受质疑和批评，围绕长安街孔子像产生了激烈争论，都表明了社会对于儒学的价值判断存在着巨大分歧。大众儒学在激烈的争议声中毅然前行，表明儒家基本义理其实是人伦日用的内在要求，在民间具有巨大的生命力。当前民间儒学复兴的声势固然不错，但是，儒家教育在中国内地毕竟中断了百年之久，它在深化与发展的道路上依然有待于克服一系列困难，目前有以下三方面的工作是当务之急。

其一，培育以传道授业为使命的新型儒家士大夫阶层。历史上的士大夫儒学有两个职能，儒学义理的探讨和儒家教化的推广。近代以来，由于教育制度的改革，儒学变成大学里的一门哲学课程，这也是近代中国重建学术体系的结果。目前，职业化的高校学者队伍承担起了前一种职能，后一种职能的担负者则至今阙如，而这一职能对于儒学的灵根再植却是至关重要的。“人能弘道，非道弘人。”因此，儒学的当代复兴呼唤着新型儒家士大夫阶层的重现。他们虽然不再具备传统社会作为士农工商四民之首的地位，却是熟悉儒家义理并以在民间传道授业为职志的职业化传道者，替代传统民间社会私塾先生、乡绅和民间信仰组织者，成为大众儒学复兴的骨干力量。他们的使命是重建儒学的社会教化之“体”，恢复儒学与生活的联系，终结近代以来儒学的游魂化状态。因此，这一职业化传道队伍的塑造，注定会成为儒学复兴的关键环节。目前，在社区、乡村和私塾已经涌现了一些专业化的儒学传道者。他们多以儒学志愿者的身份出现，在区域分布上以广东、福建、北京、山东等省市为多；但是，这一队伍的数量和专业水平都远远不能适应现实需求，经济收入也缺乏固定的来源。如何尽快形成职业化传道者群体仍然是大众儒学的首要问题。

其二，重构大众儒学的组织载体。在经数千年发育起来的民间儒学组织解体之后，民间儒学的发展面临着体系重构的任务，其中儒学体系的制度化是关键。鉴于形成传统儒家教化弥散型体系的社会形态已经消失，儒学组织必须由弥散型转向制度型，它们将依靠职业化的儒家传道者去组建，又是后者传道授业的道场。目前，存在的大众儒学组织大致包括学校类和非学校类两种。学校类儒学组织即私塾和书院，主要为民办组织，依靠学生学费维持生存。非学校类儒学组织主要是近年来在乡村和社区出现的儒学传播组织，其中有代表性的是儒学讲堂。山东的乡村儒学讲堂已经分布于十几个县，分别由学者、民间志愿者和地方政府建立，有的已经形成固定化、常态化的教学体系。福建霞浦的儒家道坛则将儒家教化和民间信仰有机结合起来，资金依靠当地民众捐献，每个道坛都有专职志愿者维持，民间组织化程度较山东乡村儒学讲堂更高。在私塾、书院与儒学讲堂之外，还有一种更加广泛的大众儒学传播形式，即在各地出现的国学公益讲堂，时间从一天到一周不等，多是民间人士以现身说法的方式交流学习心得，也有人专门讲授孝道、《弟子规》或者幸福人生讲座，杂以佛道教或者其他民间信仰。这些国学公益讲堂的主办者、授课者多为民间志愿者，能以生活化和通俗化的形式讲解传统文化，具有较强吸引力，有的听众规模达到数千人。国学公益讲堂的缺点是一次性讲座，无法通过持久的活动巩固教化成果，有的民间志愿者讲师的国学素养有待提高，也有的走向了怪力乱神一途。但是，它在扩大传统文化的社会影响方面不容忽视，也在客观上为制度化儒学组织载体的建构创造了条件。

其三，编辑出版符合时代需要的大众儒学经典。除了传道队伍和组织体系外，大众儒学的另一个要件是教材。历史上的儒学经典数量众多，有些内容已经不适应时代需要，有些内容则过于专业深奥。如何选取合适的经典文本，加以诠释解读，以适应大众对于儒学的迫切需求，已经成为大众儒学发展的当务之急。首先是文本的选择，因为并不是所有的儒学经典都符合大众儒学的要求；其次是经典内容的解读辨析，要找出那些已经完全与时代脱节的部分加以说明，避免泥沙俱下的局面。面对巨大的市场需求，一些仓促出版的儒学通俗读物品质不高，难以满足读者需要。因此，本丛书编委会借鉴清代儒学十三经的体例，决定编辑“大众儒学经典”。清儒编纂的儒学十三经以专业儒生为对象，“大众儒学经典”则是儒学史上第一套由学者编纂解读、面向普罗大众的系列儒学普及教材。为此，我们组织国内一批既有深厚学养，又有丰富一线儒学弘扬实践经验的中青年学者，精选合适的儒学典籍，编注“大众儒学经典”读本。本丛书以现代的视野、大众的角度、践行的立场，深入浅出地向大众讲解儒家修身做人的义理，堪称专业学者为社会大众注解的一套简明、系统、实用的儒学经典丛书，这样一套丛书可谓应运而生，在中国儒学史上尚属首次！

从内容看，着眼于儒学修身做人的学修次第，“大众儒学经典”包括蒙学基础、家训家礼、劝善经典和四书五经通解四个板块。蒙学基础用以童蒙养正，家训家礼培养良好家教家风，劝善经典激发人的为善之心，四书五经通解则是对儒家义理的系统阐述，囊括了从蒙训、礼仪、心性到信仰的不同方面，四个板块构成一个有机整体，大致反映了儒家教化不同阶段与层面的需求，体现了大众儒学的社会性、实用性和阶梯性。其中的劝善经典，本丛书选择了《了凡四训》等，它们具有儒释道合一的特征，是儒家思想与民间信仰相融会的产物，体现了大众儒学自身的特色，对于社会教化具有良好的效果。针对近代以来女德教育严重滞后的现实，本丛书特意选入了《女四书》，并从古今之辨的角度加以辨析，以满足读者需要。从体例上，每部经典包括原文、注释、译文、解读等部分，以达到忠于原著、贯通古今和深入浅出的编写目的。

需要说明的是，由于受时代的局限，上述传统经典中同样存在不少不适应当代的内容。比如，女德文本和蒙学经典中那些强调三从四德、夫为妻纲等单方面服从的思想内容，并不符合原始儒家的思想，是汉代以后儒学受到法家浸染的产物。对于经典中那些不适合于当代的部分，本丛书采取历史主义的态度，保留原貌，但在解读部分予以辨析，提请读者明鉴。

最后，本丛书是编著者集体合作的结晶，得到了各位儒学前辈大家的关心指导，还得到了中国人民大学出版社潘宇女士、翟江虹女士和刘静先生的大力支持，在此一并表示谢忱！

前　言

孔子作为伟大的思想家，整理了中国古代六部最重要的经典，这六部经典就是六经。孔子“治《诗》《书》《礼》《乐》《易》《春秋》六经”。经历秦始皇“焚书坑儒”之难后，《乐经》失传，流传于世的就是五经，五经指的是《诗》《书》《易》《礼》《春秋》。孔子为何整理、阐释六经，《白虎通义·五经》讲得很清楚：“以为孔子居周之末世，王道陵迟，礼乐废坏，强凌弱，众暴寡，天子不敢诛，方伯不敢伐，闵道德之不行，故周流应聘，冀行其道德。自卫反鲁，自知不用，故追定五经，以行其道。”

六经各有价值，不可相互替代，共同构建了中华民族精神家园。孔子曰：“六艺于治一也。《礼》以节人，《乐》以发和，《书》以道事，《诗》以达意，《易》以神化，《春秋》以义。”“入其国，其教可知也。其为人也温柔敦厚，《诗》教也；疏通知远，《书》教也；广博易良，《乐》教也；洁静精微，《易》教也；恭俭庄敬，《礼》教也；属辞比事，《春秋》教也。故《诗》之失愚，《书》之失诬，《乐》之失奢，《易》之失贼，《礼》之失烦，《春秋》之失乱。”当代新儒家的代表杜维明先生指出：儒家五经，从抽象和象征的意义上说，分别探讨的是人的情感性问题（《诗》）、社会性问题（《礼》）、政治性问题（《书》）、历史记忆问题（《春秋》）、形而上问题（《易》）。

五经在流传过程中产生了这两个变化：一是《春秋》转变为《春秋左氏传》；一是《礼》或者说《礼经》先是指《仪礼》，唐朝孔颖达编《五经正义》的时候，《小戴礼记》第一次取代《仪礼》成为五经之《礼》。后来，在五经的基础上增加了更多的经典：东汉在此基础上加上《论语》《孝经》，共七经；唐时加上《周礼》《礼记》《春秋公羊传》《春秋穀梁传》《尔雅》，共十二经；宋时加《孟子》，后有宋刻《十三经注疏》传世。

《诗经》是中国最早的诗歌总集。它收集了从西周初期至春秋中叶大约500年间的诗歌305篇。《诗经》的体例分为风、雅、颂三类。《史记·孔子世家》载："古者诗三千余篇，及至孔子，去其重，取可施于礼义……三百五篇孔子皆弦歌之。"

《尚书》古时称《书》《书经》，是古代最早的一部历史文献汇编，记载了上起传说中的尧舜时代下至东周（春秋中期）的历史。基本内容是古代帝王的文告和君臣谈话内容的记录。《尚书》有两种传本，一种是今文《尚书》，一种是古文《尚书》。

《礼记》是战国到秦汉年间儒家学者解释说明经书《仪礼》的文章选集，"《礼记》只是解《仪礼》"（《朱子语类》卷八十七），《礼记》有两种传本：一种是戴德所编，称《大戴礼记》；另一种是戴德之侄戴圣选编，称《小戴礼记》。

《周易》也称《易》《易经》，被列为儒家经典之首。《周易》包括《经》和《传》两部分。《经》由六十四卦卦象及相应的卦名、卦辞、爻名、爻辞等组成。《传》一共七种十篇，有《彖传》上下、《象传》上下、《文言》、《系辞传》上下、《说卦传》、《杂卦传》和《序卦传》。上古圣人伏羲始作八卦，《史记》称周文王推演周易并作爻辞，春秋时期孔子作“十翼”。

《左传》也称《左氏春秋》《春秋左氏传》，古代编年体历史著作，记事基本以《春秋》鲁国十二公为次序，内容包括诸侯国之间的聘问、会盟、征伐、婚丧、篡弑等。《史记》称《左传》作者为春秋时期左丘明，清代今文经学家认为系刘歆改编。

秦始皇为了达到“收去诗书百家之语以愚百姓，使天下无以古非今”的目的，采取“焚书坑儒”的极端措施，对五经的流传造成极大破坏。当五经丧失了崇高的地位之后，华夏民族的人伦道德跌落，维持政权靠暴力与欺诈，直接的后果就是秦末天下大乱。民国初年废除读经，新文化运动时期提出“打倒孔家店”，取消了经学，将五经碎片化，并将其碎片放置于来自西方的各学科之中。从此，五经丧失了培育中华民族道德观与价值观的功能，这是中华民族的巨大悲剧。

在我们这个时代，学习五经究竟有什么价值呢？学习五经的价值与意义表现在以下几个方面。

第一，学习五经，培养道德品质。五经是华夏民族文明发展到了一定高度的产物，承载了华夏民族的道德理念、道德规范。任何一个中国人的道德观念，都不是生而具有的，而是从现实生活中获得的。从现实生活中获得的观念，既有道德观念，也有非道德观念。五经是中华民族道德观念的真正源头。当今中国的道德教育成效不甚显著，有一个重要的原因，就是至今还没有将五经作为培养道德的教材。

第二，学习五经，汲取圣贤智慧。现代知识教育产生了这种现象：许多人有知识但缺乏智慧。智慧既来自个人生命在践行的过程中产生的种种感悟，也来自经典。因为，历代圣贤将其人生智慧存储于经典之中，阅读经典、理解经典，就是从圣贤那里获取智慧。

第三，学习五经，树立价值理念。一个人丧失价值观，就丧失了人生的方向；一个民族丧失价值观，就丧失了发展的方向。价值虚无、价值迷乱将会导致社会的混乱。五经所承载的仁、义、礼、智、信、忠、孝等价值理念，已成为中华民族的精神血脉。正是在这些价值理念的引导下，中华民族从无数次的灾难与混乱中走出来。在17世纪中叶之前，一直走在世界的最前列。在近现代落后挨打、遭受列强欺凌之时，也能最终于极为艰险之际赶走列强、取得独立。中华民族如今正努力重新屹立于世界民族之林，通过学习五经，重新树立仁、义、礼、智、信、忠、孝等价值理念，是很重要的。

第四，学习五经，弘扬中华文化。有人高喊弘扬中华优秀传统文化的口号，但却否定四书五经，反对读经，殊不知，四书五经就是中华传统优秀文化的核心。没有四书五经，就没有中华传统优秀文化。所以，学习四书五经，这才走出了弘扬中华优秀传统文化的第一步。近现代以来中国文化竞争力和生命力衰落的重要原因，就是没有将中国文化的建设置于四书五经这一基础之上。

第五，学习五经，安顿身心性命。工业化、商业化、信息化、功利化，一方面带来物质生活的繁荣，另一方面带来精神生活的迷乱，带来精神上的痛苦，造成心灵的扭曲。五经之学，也是身心性命之学。学习五经，可以找回人类善良的本性，也可以找回中华民族的精神家园，让自己的身心得到安顿。

目　录

《礼记》选读／〇〇一

《尚书》选读／一五三

《诗经》选读／一八七

《左传》选读／二二九

《周易》选读／二七三

《礼记》选读

简介

《礼记》是一部先秦至秦汉时期的礼学文献选编。《礼记》聚集并呈现了先秦儒家的政治、哲学和伦理思想，是一部儒家思想的资料汇编，也是我们了解和研究我国古代社会制度的重要文献。

《礼记》的文体形式为记叙文，它的有些篇章具有很高的文学价值。其中不乏小故事大道理、结构严谨又有气势、语言凝练又有寓意、心理描写与刻画较为生动的篇章。

《礼记》各篇的作者和写作年代都不相同，收录的文章作品既有孔子的学生的，也有战国时期儒家学者的。先秦时期，人们把孔子编撰的典籍统称为“经”，孔子的弟子及其后人对“经”的解说被称作“传”或“记”。而《礼记》就是对“礼”的解释，并与《周礼》《仪礼》合称“三礼”。

《礼记》的核心是礼乐，记载了夏、商、周朝代的典章制度、礼仪和习俗以及孔子与弟子的对答内容，表达了儒家礼治的思想和主张。

《礼记》作为一部距离我们年代久远的古老文化典籍，其“礼”中所代表和蕴含的文化精髓、思维方式、价值取向，如“仁”与“德”，对于当今社会人们的生活依旧具有指导意义。《礼记》中深刻阐发了“敬”和“让”的伦理思想，丰富了中国伦理学的理论宝库，促进了中华民族敬让美德的形成。我们现在含英咀华诵读之，可以提高和增强对当下社会现象的认知度和评判力，有益于礼仪文化建设、和谐社会建设。

孔子说：“不学礼，无以立。”意思是不学习礼是难以立足于社会的。而且个人的修养，乃至治国平天下都离不开礼，都要在礼之中完成。我们国家号称礼仪之邦，因此，作为炎黄子孙，对礼的学习和实践至关重要。

原文

临[1]财毋[2]苟[3]得，临难毋苟免。

（《礼记·曲礼上》）

注释

①临：面对。②毋（wú）：不要。③苟：随便。

译文

面对财物不要随便获取，面对危难不要随便逃避。

解读

《曲礼》记载的是古代儒家有关礼仪制度方面的论述，这些论述推崇和发扬礼教，使人立志修身，力行善举。上文论及：君子爱财，取之有道；面对危难，不贪生怕死，而是淡定从容地面对即将发生的一切。

儒家主张君子爱财，取之有道。获取财物的方式有两种。一种是正道方式：诚实劳动，合法经营，讲求信用，符合道德，遵守法律，公平竞争。由正道方式获得的利益就是正当利益。另一种是邪道方式：盗窃抢劫，敲诈勒索，欺诈威胁，背信弃义，损人利己，滥用权力，贪污受贿，凭借淫威，依靠特权，违法犯罪，恶性竞争。通过邪道获得的就是不义之财。

从钱庄伙计开始做起的胡雪岩，一直努力奋斗，最终成为一名红顶商人，闻名于朝野。他的经商秘诀，无非就是两个字："仁"与"义"。从商几十年，无论发生什么事情，他都一直坚守着这两个字。

胡雪岩在左宗棠任职期间，管理赈抚局的工作。他设立粥厂、善堂、义塾，修复名寺古刹，收殓数十万暴骸。朝廷出兵西征的时候，粮草紧缺，胡雪岩挺身而出，做出了很大的贡献。

胡雪岩开办的胡庆余堂，设在杭州市河坊街大井巷，仅杭州、嘉兴、湖州等“下三府”的顾客光临，很少有“上八府”一带的顾客登门。胡雪岩便计划开设钱塘江义渡，方便了“上八府”与“下三府”的联系。胡雪岩选中了三郎庙附近江道比较窄的地方，在这里兴建义渡。他出资购买了几艘大型渡船，这种船不仅可以载人，还可以载畜生与车辆。胡雪岩创办义渡，对渡江者分文不取，声名远播，人们都喊他“胡大善人”。正是胡雪岩的这一善行，使“上八府”的旅客得以改道由鼓楼进入杭州城，胡庆余堂的地理劣势一下子被扭转过来了。这样做不仅救助了许多人，更在无形当中帮助了自己。胡雪岩的大名被越来越多人知道，胡庆余堂生意越发红火了。

原文

夫[①]礼者，所以定亲疏，决[②]嫌疑，别同异，明是非也。

（《礼记·曲礼上》）

注释

①夫：句首语气词。②决：判断。

译文

所谓礼，是用来确定亲疏关系，判断嫌疑，区别同和不同，辨明是非的。

解读

原文讲的是礼的作用。礼的作用在于明确亲疏关系，确定不同的社会角色，明辨是非，从而形成和谐的社会。在家庭关系方面，儒家倡导孝道，主张长幼有序、亲疏有别。周礼明确了“亲亲”和“尊尊”的基本原则。现就“亲亲”原则阐明如下：人在幼年时需要被抚养，在老年时需要被赡养，否则就不可能正常生存。人不像鱼类和爬行类动物那样出生后可以没有双亲的抚育和保护自然成长。儿童还缺乏自理能力和行为能力，理所当然地需要大人的帮助和爱护，才能健康成长。所以，爱护幼童是每一个成年人的责任和义务。自己的生命需要通过子女而延续下去，基于生命的本能，就形成慈爱之情。在个体家庭形成后，人就会对父母有报恩之情。建立在血亲关系上的慈爱心与感恩心，是建立公民道德的起点。家庭是社会的基本细胞，家庭的稳定是社会稳定的前提。家庭是社会的基本教育单位：正常人格的形成，需要良好的家庭环境；伦理品质的形成，更有赖于家教。良好的家教是一个人品德形成的重要条件。家庭环境不良，人格便可能向病态方向发展。所以应重建书香门第，传家道、立家规、树家风。根据儒家“仁”与“忠”的观念，人的慈心善行不仅仅局限于家庭之中，而应当扩大到家庭之外。孟子曾说：“老吾老，以及人之老；幼吾幼，以及人之幼。”意思是说：人们奉养自己的父母亲，并将这样的孝心推广开来，就能尊敬他人的父母亲；爱护自己的孩子，并将这种慈爱之心推广出去，就会爱护他人的孩子。尊老爱幼是中华民族的优良传统。中国的家庭伦理可以延伸为社会伦理。《礼记·大学》中讲“家齐而后国治”。现代社会强调平等，从人格的角度、法律的角度讲，毋庸置疑，但从人伦关系上讲，则应维持长幼有序之传统。

原文

道德仁义，非礼不成；教训正[①]俗，非礼不备[②]；分争辨讼[③]，非礼不决[④]；君臣、上下、父子、兄弟，非礼不定；宦学[⑤]事师，非礼不亲；班朝[⑥]治军，莅官[⑦]行法，非礼威严不行；祷祠祭祀，供给鬼神，非礼不诚不庄。

（《礼记·曲礼上》）

注释

①正：端正。②备：周到，完全。③辨讼：辩论，争论。辨，通“辩”。④决：判断。⑤宦学：学习仕宦所需要的各种知识。⑥班朝：整肃朝政。⑦莅（lì）官：担任各种官职。

译文

道德仁义，没有礼就不能完成；教化、训导、端正民俗，失去礼就不会完备；纷争、诉讼，缺少了礼就难以判断；君臣、上级下级、父子、兄弟，不依据礼就无法确定名位；做官、求学、侍奉老师，不讲礼就失去了亲情；上朝理事、整治军队、职官履事、施行法度，没有礼就会失去威严；特殊的祈祷、例行的祭祀、供奉鬼神的活动，不依礼就不虔诚庄重。

解读

原文着重强调了礼的重要性和必要性。礼不仅对道德仁义、教化民众、端正民俗很重要、很必要；而且，名位的确定（君臣、上下、父子、兄弟之间等等)、朝政的整肃、军队的治理、官吏的任职、鬼神的祭祀等，都需要遵循礼，才可以很好地进行，妥当地完成。所以，圣人出来制定礼以教育人，让人的言行举止有别于禽兽。

活人殉葬的恶俗在商代很盛行。西周之后，周公制作礼乐，推行德治，活人殉葬这种不人道的现象才大大减少。

齐国大夫陈子车死在了卫国，他的妻子和处理家务的总管商量用活人给陈子车殉葬。陈子车的弟弟陈子亢听到后，气愤地说：“用活人殉葬不合礼法。家兄有病，是应当有人照顾他。既然如此，哪里有比妻子和家里的总管更合适的呢？如果非得这样做，那么我想要用你们二位来为他殉葬。”听了陈子亢的话，这两个人都不再说话了，最后就没有用活人殉葬。

陈乾昔在临终之前，让他的儿子为他做一口大棺材，要求将来让他的两个婢子一左一右地在他身边殉葬。陈乾昔死后，他的儿子没有照他的要求办，说：“以殉葬，非礼也，况又同棺乎?”此事才作罢。有人还残存着殉葬的观念，但做法有了改变，主张改用木俑殉葬。对此，孔子也认为不能容忍。木俑有人的形象，孔子认为木俑殉葬侵犯了人的尊严，所以，他批评这些人“其无后乎!”，意思是说这些人应该断子绝孙!

礼的本质是仁义道德，仁义道德需要通过礼来成就。殉葬违背了礼的本质，只能是恶俗，应该被摒弃。

原文

大上[①]贵德，其次务施报[②]。礼尚往来，往而不来，非礼也；来而不往，亦非礼也。

（《礼记·曲礼上》）

注释

①大上：大，通“太”，太上指上古之世。②施报：谓有所施与，则有所报答。

译文

上古之世，人们尊崇道德，后来却讲求施恩和回报。礼推崇的是有来有往。只施与而没有回报，不符合礼；只回报而不施与，也不符合礼。

解读

原文讲的是上古时期人们在交往当中就十分重视礼，并认为礼尚往来。这个道理在我们这个时代同样适用。只有在互动中，交往的双方才能感受到礼，并在彼此都讲礼的情况下进行沟通与交流。

在古代，诸侯国派出使者，以圭（一种玉器）作为国礼，交给对方，以示礼敬。而等到使者回国时，对方还有一个“还玉”的礼节，将圭还给使者，表明没有贪图之心。在一般民众之间，求见一方得到主人一方的同意之后，要带着见面礼前往拜访，这个见面礼一般是雉（野鸡）。以雉为礼物，是取雉不受引诱、不惧威慑、宁死不屈之意。过后，主人要回访，回访者手持客人来访时带来的雉来到之前主动拜访自己的人家，将礼物奉还给他，以免有贪财之嫌。

在人际交往中，人格平等与上下有序是相结合的。施礼的一方行礼，受礼的一方还礼，这就是“礼尚往来”。你用什么方式对待他人，他人就用什么方式对待你。即使在上下级之间，也是上级对下级待之以礼，下级对上级报之以忠。上下同心同德，团体就有力量。如果上级对下级采取冷漠、粗暴、轻蔑的态度，下级就会采取疏远、畏惧、敌视的态度。上下离心离德，团体就丧失力量。

原文

夫礼者，自卑而尊人。虽负贩[1]者，必有尊也，而况富贵乎！富贵而知好礼，则不骄不淫；贫贱而知好礼，则志不慑[2]。

（《礼记·曲记上》）

注释

①负贩：担货贩卖。②慑(shè)：胆怯，困惑。

译文

礼是要求自己谦卑而尊重别人。即使是担货贩卖之人，也必定有值得尊重的地方，何况富贵之人呢？富贵的人懂得、爱好礼，就不会骄奢淫逸；贫贱的人懂得、爱好礼，就会心无所怯、志无所惑。

解读

原文强调的是礼的重要性，以及遵守礼的益处。人们遵从礼，社会就安定团结；不遵从礼，社会就祸患无穷。无论是富贵的人，还是贫贱的人，爱好和遵从礼就都不会堕落。崇尚礼，讲究施惠与报答，用感恩的心面对周遭的世界。世界因为有了感恩，生活于其中的人们就会越来越幸福；人与人之间彼此尊重，克己守礼，世界将会越来越和谐。

西楚霸王项羽最后落得乌江自刎的悲惨下场，其中有一个原因就是不懂礼贤下士，导致众叛亲离，如韩信、陈平等投奔刘邦而去。刘备屯驻新野时，经颍川阳翟（今河南禹州）名士司马徽推荐，屈尊枉驾探望诸葛亮，亲临山中茅屋向诸葛亮请教，让诸葛亮感恩终生，为其尽忠竭力。

唐太宗对大臣非常尊重。在非正式场合，对名将李靖常以兄长相称，对直臣魏徵说话时自称“世民”。唐太宗还下令制定太子接待三师（太子太师、太子太傅、太子太保）的礼仪制度，其中规定：太子必须出殿门迎接三师；太子应先拜三师，三师再答拜；每逢过大门，都要让三师先走；三师坐定后，太子才可以就座。

海尔总裁张瑞敏曾说过：“经营企业的关键是经营人，经营人首先要尊重人。企业必须关心人、理解人、尊重人、爱护人，把人当作‘人’而非‘非人’来对待。”

原文

为人子者，居不主奥①，坐不中席②，行不中道，立不中门。

（《礼记·曲礼上》）

注释

①主奥：坐于尊位。奥：室内的西南角，古时祭祀设神主或尊者居坐之处。②中席：坐席的中部，尊者所坐之处。

译文

做儿子的，居处不要占据室内西南角的位置，坐时不要坐在席的中间，行走时不要走在路的中间，站立时不要站在门的中央。

解读

原文阐述了作为人子平日的坐、卧、行走需要遵守的礼节。作为人子，在家起居不能占据室中西南隅的位置，那应该是尊长的位置；不能坐在席的正中，那应该是尊长坐的地方；走路不要走在路中间；不能站在门槛的正中，以免妨碍尊长的出入。遵守这些礼节是表达对尊长的尊敬之情，也是从细节表达对长辈的孝敬之情。

吕希哲是宋朝人，他的母亲申国夫人对于儿子的教导十分严厉，要求儿子做每件事情都必须有规有矩。

在吕希哲十岁的时候，母亲要求他无论严寒还是酷暑，都必须站在自己身边侍奉，没有命令就不能坐下，还要求他每天都必须整肃衣冠去拜见长辈。

在家里的时候，只要有长辈在身边，无论天气多热都不能脱去头上的方巾和脚上的袜子，衣服也必须整整齐齐的，更不能去茶坊、酒肆之类的地方，以免听到市井中的污言秽语。

吕希哲从小按母亲规定的礼仪去做，渐渐形成了很高的德行，最终受到人们的称颂。

原文

入竟[1]而问禁，入国而问俗，入门而问讳[2]。

（《礼记·曲礼上》）

注释

① 竟：通“境”。② 讳(huì)：忌讳。

译文

到一个地方，就要问问那里的禁忌；到一个国家，就要问问那里的风俗；到陌生人家里，就要问问人家的忌讳。

解读

原文讲的是古人以礼为标准的禁忌。礼要与社会背景的变化相适宜。中华传统礼仪基本的原理不变，但随着社会环境的变化，具体形式应当有所调整。当然，调整也应当有一定的尺度，不能变得面目全非，更不能完全抛弃。当一定的行为规范形成之后，就会以相对稳定的状态存在。人类生活的境遇处于不断变化之中，礼并不能随时依据境遇的变化而变化，当礼远远落后于已经变化了的境遇时，这种稳定性就变成一种僵化。此时，就要对礼进行调整，使之适于已经变化了的生活境遇。

礼的运用一定要同环境相适宜。比如说，葬礼时大哭是适宜的，但在人们欢聚一堂时，如果有人因为想到痛苦的事情而放声大哭，这种做法就与整个环境不相适宜。中国的各个传统节日里，各有相应的礼仪规范，而现在许多人并不知道在传统节日中应当采取什么样的礼仪，以至于所有的节日几乎都只有

“吃”与“喝”二字，这是非常遗憾的。

礼在运用的过程中要根据具体境遇的特殊性采取权变的原则。礼规定了在一般情况下人的行为规范，但是总会有特殊的情况发生。在特殊的情况下，就不必完全按固定的规范去做，可以在坚持原则的前提下灵活处理，可以根据“仁”“义”“智”等原则采取礼中所没有规定而与当下具体境遇相宜的行为。例如，古礼有“男女授受不亲”的原则，但是，孟子举例说，如果自己的嫂子掉在水里，怎么办？如果拘泥于“男女授受不亲”的礼法而不去救她，就不符合仁义之道了。所以，在这种情况下就应当灵活处理，果断下水救人。

原文

祭礼，与其敬不足而礼[①]有余也，不若礼不足而敬有余也。

（《礼记·檀弓上》）

注释

①礼：礼节，礼数。

译文

祭祀之礼，与其恭敬不够而礼节多，不如礼节不够而恭敬多。

解读

原文是子路重申孔子对祭礼的看法，孔子强调了举行祭礼重在表达人们虔诚的敬意，而不是重在祭品的丰富、礼仪的详尽。按照祭礼进行祭祀，不是走过场，而是为了表达对祭祀对象的尊敬、恭敬之情。如果内心有爱敬和真诚，那么自然会体现在行为动作上，即便没有符合礼节、礼数的要求，发自内心的祭祀也是真诚动人的。

在祭祀先人的活动中，对父母祖先要有诚敬之心，具体表现为：回想父母祖先的音容笑貌；回忆父母祖先的教导。亲自参与祭祀礼仪，不做旁观者，亦不可派人代替。祭祀有明确的对象，只有自己的父母祖先才能成为祭祀的对象。祭祀者抱着极大的诚心，进入与父母祖先同在的境界，就如《论语》所言："祭如在，祭神如神在。"

祭祀的主要功效是教化人心、显扬孝道、祈求福佑。在祭祀父母祖先的活动中，感念父母祖先的恩德，以示不能忘本，培养感恩之心；回忆父母祖先的教诲及高尚品德，有助于良好道德与家风的代代传递；培养对生命的敬畏之情，让人懂得尊重生命、尊重他人；追念父母祖先，表达思念之情，表达自然亲情，可以陶冶良好的性情；宗族的祭祀活动，还具有联络感情、团结宗族的作用。

所以，作为道德教化的内容和情感表达的方式，祭祀父母祖先有很高的人文价值，不可废弃。

原文

子路曰："伤哉贫也！生无以为养，死无以为礼也。"孔子曰："啜[1]菽[2]饮水尽其欢[3]，斯谓之孝；敛[4]手足形，还[5]葬而无椁[6]，称[7]其财，斯[8]之谓礼。"

（《礼记·檀弓下》）

注释

①啜（chuò）：吃。②菽（shū）：豆类。③尽其欢：使其精神上得到满足。④敛：通"殓"，给逝者穿衣下棺。⑤还：通"旋"。⑥椁（guǒ）：棺材外面套的大棺。⑦称：相称。⑧斯：这。

译文

子路说："贫困真是可悲啊！父母活着的时候没有钱财赡养，去世了没有钱财办丧礼。"孔子说："给父母吃豆类喝清水，但尽力让其欢乐，这就是孝。以衣被遮盖其遗体，入殓后就下葬，不必有棺外的套棺，与家中的财产情况相称，这就是礼。"

解读

原文是子路和孔子讨论赡养父母以及给父母办丧事。子路认为：贫穷而缺乏一定的物质条件，孝敬父母以及给他们办丧事是很难尽心尽力的。孔子则认为：父母健在的时候，给予他们哪怕是粗茶淡饭的供养，只要能够使他们高兴就是尽到孝了；他们不在人世了，哪怕丧事办得简单，只要是根据自己的财力办理的，也就合乎礼的要求了。

很久以前，有一个哑巴，他的父亲在他很小的时候就去世了，留下他和年老体弱的母亲相依为命。他的家中十分贫寒，衣不蔽体、食不果腹，但他对母亲十分孝顺。为了能让母亲填饱肚子，他常常外出乞讨。一旦得到衣服和食物，就连忙拿回来给母亲，使母亲得以温饱。

别人见他可怜，有时候会送来一些吃的，他每次都要先给母亲吃，等母亲吃剩下了，他才会吃一点。有时候母亲不高兴，他就效法老莱子“彩衣娱亲”，做出一些令人发笑的动作，让母亲开心。

有一次，隔壁村庄的一个人在路边吃西瓜，刚好看见这个哑巴从他身边经过，就把剩下的西瓜都给了哑巴。但是哑巴得到西瓜以后，并没有往嘴里送，而是往家里跑去。他十分奇怪，便尾随其后，来到哑巴家中。看到哑巴把西瓜给自己的母亲吃，这个人想起从前听别人说过哑巴得到东西一定先给自己的母亲吃，今天一见，果然是真的。他对哑巴十分敬佩，于是便将自己看到的告诉村里人。大家知道了哑巴的孝行之后，对他赞不绝口，称他为“哑孝子”。

作为残疾人，自己的生活都难以保障，只能尽力提供给母亲最简单的衣食，但也是在践行孝道。

原文

骨肉归复于土，命也。若魂气[1]则无不之也，无不之也。

（《礼记·檀弓下》）

注释

①魂气：灵魂和精气。

译文

身体归于尘土，这是命运。至于你的灵魂和精气，则无所不往。

解读

原文是吴国的延陵季子在自己大儿子的葬礼上边号哭边高喊的话。孔子认为，延陵季子是吴国最讲礼仪的人，所以前去观看了延陵季子举办的这场葬礼。延陵季子掘的墓坑深度没有深到有地下泉水的地方，其子入殓时穿的是平时的衣服，下葬后堆上土，坟的宽度、长度与墓坑相当，高度一般人垂手就可以按着坟顶。孔子认为延陵季子的做法既合乎礼，又恰当地表达了自己的情感。

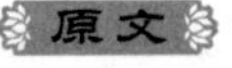

夫礼，先王以承[1]天之道，以治人之情。

（《礼记·礼运》）

注释

①承：承奉。

译文

礼，先王用来顺应自然之道，用来矫治人的感情。

解读

原文是孔子论礼的话。孔子认为，人不能没有礼，没有礼是无法生存的，老鼠还有个老鼠的形体，人们怎么能没有礼呢？圣人用礼来昭示天下，治理国家。礼具体表现为丧礼、祭礼、射礼、乡饮酒礼、冠礼、婚礼、觐礼、聘礼等。

人的情绪容易激动，容易走极端，因此，要用礼来“治人之情”。在重大灾难来临之时，面对众多生命消逝而引起的巨大悲痛，就需要通过“礼”来表达人的感情，使人的感情宣泄有节制。

2008年5月12日汶川大地震中，数以万计的生命瞬间逝去。面对逝者，内心的同情与悲伤在所难免，需要通过一些仪式表达出来，表达对遇难者的哀悼之情，劝慰并鼓励灾难中幸存的人们。

因此，2008年5月18日，国务院发布公告：为表达全国各族人民对四川汶川大地震遇难同胞的深切哀悼，国务院决定，2008年5月19日至21日为全国哀悼日。在此期间，全国和各驻外机构下半旗志哀，停止公共娱乐活动，外交部和我国驻外使领馆设立吊唁簿。5 月 19 日 14 时 28 分起，全国人民默哀 3 分钟，届时汽车、火车、舰船鸣笛，防空警报鸣响。在哀悼日里，奥运圣火的境内传递暂停。

这是自中华人民共和国成立以来，第一次就大规模自然灾害举行的全国性哀悼活动，也是第一次为因自然灾害死难的普通百姓降半旗志哀。

设立全国哀悼日，下半旗志哀，全国人民默哀 3 分钟，这些礼仪活动可以培养人们敬畏生命、珍惜生命的意识。

原文

故国有患，君死①社稷②谓之义。

（《礼记·礼运》）

注释

①死：这里用作动词，为……而死。

②社稷：土神和谷神。古时君主祭祀社稷，后来就用社稷代表国家。

译文

国家有了外患，国君与国家共存亡，这就是义。

解读

国君有自己的地位、身份、职责和使命，国君应当将天下视为一家，为天下百姓谋取利益，应当保重自己的身体。但国家有难时，为国而死，也就是义。

有时候，义和利是可以兼得的；有时候，义与利却相互冲突。在义与利相互冲突的情况下，就存在着如何取舍的问题。利有物质利益，也有精神利益；有个人利益，也有整体利益；有眼前利益，也有长远利益……以上各种利益，凡是符合正义原则的，则取之；凡是不符合正义原则的，则弃之。

在现实生活中，有些人自以为高明，实际却像当众抢金子的人一样愚蠢。在他们贪污受贿、投机诈骗、走私贩毒的时候，眼睛里看到的只有金钱，而没有想到法律、道德，没有看到背后有群众的眼睛，最后必然自食恶果。

人生一世，最大的利就是自己的生命。为国家、为民族、为人类，为了正义的事业，献出自己的生命，这是仁义的最高境界。在国家危难、民族危亡之时，需要有仁人志士挺身而出，力挽狂澜，“舍生取义”“杀身成仁”。

原文

父子笃[1]，兄弟睦，夫妇和，家之肥[2]也。

（《礼记·礼运》）

注释

①笃（dǔ）：感情深厚。
②肥：富足。

译文

父子亲厚，兄弟和睦，夫妻和谐，家庭就能富足。

解读

原文描述了家庭里的三种关系：父子关系、兄弟关系和夫妇关系。这些关系的和睦推动整个家庭关系的和谐美满。中华民族重视构建和睦的家庭关系，并认为“家和万事兴”，家庭里的各种关系处理得融洽、合理，是家庭长久不衰的必要条件。家庭和睦有助于邻里关系的和睦，进而有助于社会的安定。

《大学》提出“八条目”：格物、致知、诚意、正心、修身、齐家、治国、平天下。齐家是中间一个环节：对个人而言，齐家是修身的成果；对国家、天下而言，齐家则是个人迈向社会的起点。家庭是社会的基本细胞，家庭和谐是社会和谐的根本，家庭败坏是社会败坏的根源。

在传统的君臣、父子、兄弟、夫妇、朋友五伦之中，父子、兄弟、夫妇三伦即在家庭之中。国内外华人都是非常重视家庭的。比如，新加坡的王永炳先生在《儒学与21世纪的新加坡家庭价值观》一文中写道：“早期华人家庭非常重视家庭的凝聚力。他们的艰辛奋斗，首要的目的就是使家庭幸福。”1991年，由新加坡总理吴作栋在国会上公布的全体国民共同遵奉的五大价值观中，“国家至上”为第一条，“家庭为根”是第二条。1993 年，新加坡家庭委员会制定的家庭价值观包括五个方面，即亲爱关怀、互敬互重、孝顺尊长、忠诚承诺、和谐沟通。

原文

父母有过，下气怡色柔声以谏。谏若不入，起[1]敬起孝，说[2]则复谏。

（《礼记·内则》）

注释

①起：更加振作。②说：通“悦”。

译文

父母有过错，子女就应该用谦恭的语气、和悦的脸色、轻柔的声音来进行劝说。如果父母不听劝说，就更加尊重他们、更加孝敬他们，等到他们高兴了再劝说。

解读

原文给出了劝谏父母的方法：在劝谏父母时，言语要柔和、恭敬，面色要和悦，要发自内心地真诚劝说。如果劝说无效，就要对父母更加恭敬、更加孝顺，直到感动他们，然后再次真诚地进行劝谏，使他们明白我们的劝谏确实是有道理的。在劝谏的过程中以爱父母、尊敬父母为核心，劝谏才会达到最佳的效果。

相传明朝时候，有个名叫兰姐的童养媳，在她十二岁的时候，她的婆婆经常与太婆互相指责，她的婆婆甚至骂太婆是“老不死的”。听到这样的话，兰姐心中很不是滋味。

当天夜里，兰姐跪在自己婆婆面前，流着泪说：“婆婆难道不知道您现在的行为是在给后辈树立榜样吗？要是您老了以后，晚辈后生也这样对待您，将您当成‘老不死的’，您心里又是什么滋味呢？其实每个人的寿命长短都是天定的，但作为您的媳妇，我倒宁愿您与太婆一样长命百岁才好。”

兰姐的一番话让婆婆十分感动，她明白了自己从前对待太婆即自己婆婆的行为是不对的，发誓从今以后一定孝顺太婆。兰姐后来也生了五个儿子，在她的教导之下，其中两个还中了进士。

兰姐就是用一种恭敬、委婉的方式劝谏婆婆的，取得了很好的效果。

父母虽没，将为善，思贻[1]父母令名，必果；将为不善，思贻父母羞辱，必不果。

（《礼记·内则》）

注释

①贻（yí）：遗，留。

译文

父母虽然去世了，但子女将要做好事时，想到这会给父母带来美名，就一定会去做，子女将要做坏事时，想到这会让父母蒙羞，就一定不会去做。

解读

原文论述了在父母去世之后，子女应该将自己的所作所为与父母的声誉联系起来。如果将要做的事能够给父母带来好名声，子女就应该毫不犹豫地去做；如果将要做的事会使父母受到羞辱，就不要去做。为了尊敬和感恩父母，不应该给父母带来坏名声，做事做人要为自己也要为父母着想。

曹修古是宋朝人，为官忠直清廉。他曾在兴化做地方长官，后来死在了任上。曹修古家境十分贫寒，连将他的棺材运回家乡安葬的费用都没有。

为了能使曹修古入土为安，他的宾客和下属凑了一大笔钱送到他家。然而，他的女儿却哭着对母亲说：“父亲在世时，从没收过别人的任何财物，如今他去世了，我们难道要用这些东西来玷污他清白的名声吗？”她的母亲觉得很有道理，于是谢绝了宾客和下属们的好意。

然而，曹修古的宾客和下属们还是不忍孤儿寡母过着如此艰苦的生活，于是便劝她们将这些财物收下，作为曹女出嫁的妆奁费。曹修古的女儿还是拒绝了，她说："各位的好意我心领了，但是要我用父亲的死来谋求自己的利益，这是万万不能的。"曹女明确的态度使得宾客和下属们都十分钦佩，于是他们都感叹着离开了。

曹修古的女儿拒收财物，以维护亡父的清白名声。借丧葬之名收受别人的大量财物，这是"不善"的行为，曹修古的女儿认为，"不善"的行为会给父母带来耻辱，所以坚决不做。

原文

孝子之养老也，乐其心，不违其志，乐①其耳目，安②其寝处，以其饮食忠养③之，孝子之身终。终身也者，非终父母之身，终其身也。

（《礼记·内则》）

注释

①乐：使……愉快、欢乐。②安：使……安适、安逸。③忠养：尽心奉养。

译文

孝子奉养父母，是让父母心情愉快，不违背父母的意志，让父母的耳目快乐，休息起居安逸，提供饮食忠诚奉养父母，直到孝子生命结束。这里所说的终身，不是终父母之身，而是终孝子之身。

解读

原文中，曾子阐述了如何养老以及如何终身行孝的问题。他认为：孝子养老要体贴入微，使父母精神上得到满足，心情愉悦，要顺从他们的意志；对于他们的衣食住行，要用心伺候；父母离世了也还要继续孝敬，以实现终身行孝。

周武王、周公继承周文王遗志，“善继人之志，善述人之事”，孔子称之为“达孝”；汉朝司马迁忍辱负重，继承父亲司马谈遗留下来的事业，撰写《史记》；班固、班昭继承了其父班彪的遗志，完成《汉书》的编撰。据报道，北京有一户姓佘的人家，为了继承先祖的遗志，十八代人历尽千辛万苦，甚至冒着杀头的危险，为明代忠臣袁崇焕守墓，感人至深。

许多事业不是一代人就可以完成的，例如父母积累的学术资源、父母建立的家族企业、父母家传的工艺技术，需要儿女们去继承，这是儿女们不能推卸的责任。子女在父母创造的基业上发展，既是孝道的要求，也是明智的选择，因为在一定的基础上发展总比白手起家更具有竞争优势。

原文

是故父母之所爱亦爱之，父母之所敬亦敬之。至于犬马尽然[1]，而况于人乎！

（《礼记·内则》）

注释

①尽然：都是这样。

译文

所以父母所爱的，孝子也爱；父母所敬的，孝子也敬。连对父母宠爱的狗与马都如此，更何况对人呢？

解读

原文是曾子阐述孝子终身行孝的观点。曾子认为孝子孝敬父母不应只是在父母活着的时候，还应该包含父母离世之后，孝子对父母生前喜好的遵循。这些喜好既包括他们喜爱的物，又包括他们尊敬的人。对于父母生前的喜好自己也喜好，对于他们生前尊敬的事物自己也尊敬。

孝道有一条重要的标准，就是“养父母之志”：父母活着的时候，不要违背父母的意志；父母去世了，就要继承父母遗志，完成父母没有完成的事业。孝子这样做就可以使父母无论在世还是不在世都十分欣慰，孝子也才真正地实现了一辈子孝敬父母，既包括父母的那辈子，也包括自己的这辈子。

原文

足容[①]重[②]，手容恭，目容端，口容止，声容静，头容直，气容肃，立容德，色容庄。

（《礼记·玉藻》）

注释

①容：仪态。②重：稳重。

译文

脚步要稳重，手势要恭敬，眼睛不要斜视，嘴巴不要乱动，不要高声喧哗，头颈要伸直，态度要严肃，举止要端正，面色要庄重。

解读

原文讲的是对君子举止的要求。这些要求十分细致，对脚步、手势、眼神、谈吐、头颈、态度、面色等都做了相应的规范。君子如果符合这些要求，那么能够显现出优雅的举止和神态，见到尊长也会显得谦虚、恭敬和庄重。原文还说，这些要求也适用于在宗庙之中举行祭祀、朝廷之上议论朝政、燕居之时与人谈话等方面。

在现代社会中，“九容”具体可以表现为：

足容重：步履要稳重、庄重，不要轻飘。不在公共场所赤脚穿鞋或穿拖鞋，皮鞋保持清洁光亮。

手容恭：用手要恭敬。如在行礼时、接递东西时、手捧东西时用手姿势表现出恭敬；鼓掌时，用右手有节奏地拍击左手，左手几乎不动。切忌这些有损形象的手势：当众挠头发、掏耳洞、抠鼻孔、剔牙、咬指甲、双手乱动、对人指指点点。面对圣像神像，不可用手指去指。手脚要勤洗，不蓄长指甲。

目容端：眼光要端正。眼睛是心灵的窗户，心正才能眼光正。与人交谈时，目光应该注视对方。一半时间注视对方双眉到嘴的三角区域，另外一半时间注视对方脸部以外的 5～10 厘米处。发表讲话时要用目光扫视全场。切忌目光呆滞、淡漠、游移不定，或东张西望、左顾右盼、挤眉弄眼。平视或侧视（面向对方的侧面）用于平辈，仰视多用于面对尊长。斜视对方则为失礼之举。

口容止：在正式的场合不能发出古怪的声音，比如打喷嚏、吃零食、嚼口香糖，不要在会场和教室中窃窃私语。

声容静：说话声音不要太大，不要在公共场所高声喧哗。

头容直：头要正，不要低头、歪头、仰头。

气容肃：仪态要安静严肃。不要在公共场所拥抱、亲吻。到别人家不要随手乱翻，到处乱闯。

立容德：要站直，头不要乱动，双肩要平，不要东歪西斜，不要左顾右盼。

色容庄：神色要庄严，微笑要发自内心，亲切、自然，不发声，不露齿或少露齿。避免嘴张得太大，将牙床也露出来。不要嬉皮笑脸，避免放声大笑。面容要保持清洁：眼睛无分泌物，耳鼻无异物，齿缝无残渣，口中无异味，嘴角无白色唾沫。

原文

自仁率亲[①]，等而上之至于祖，自义率祖[②]，顺而下之至于祢[③]，是故人道亲亲也。亲亲故尊祖，尊祖故敬宗，敬宗故收族[④]，收族故宗庙严，宗庙严故重社稷，重社稷故爱百姓，爱百姓故刑罚中，刑罚中故庶民安，庶民安故财用足，财用足故百志成，百志成故礼俗刑，礼俗刑然后乐。

（《礼记・大传》）

注释

①自：从，由。亲：亲人。②祖：祖先。③祢（mí）：古代对已在宗庙中立牌位的亡父的称谓。④收族：团结同族之人。收：结聚。

译文

从仁道出发来事奉亲人，向上推到祖先；从正义出发来敬事祖先，向下推到子孙后代。所以，仁之道就是亲近自己的亲人。亲近亲人就要尊敬祖先，尊敬祖先就要爱护宗族，爱护宗族就要聚拢族人，聚拢族人就要保持宗庙庄严，宗庙庄严就会重视社稷，重视社稷就会爱护百姓，爱护百姓就会刑罚得当，刑罚得当就会百姓安宁，百姓安宁就会财富丰足，财富丰足就能够完成心愿，完成心愿就会形成礼教民俗，礼教民俗形成就能带来幸福。

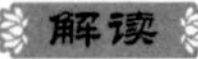

中国人重视亲情，从父母这一代开始，逐代上推可以推至我们的远祖，对祖先和亲人，都要恭敬和爱戴。恭敬和爱戴自己的亲人和祖先，就可以团结同族之人，民族归属感、国家归属感自然就被唤醒了，热爱国家也就成为人们的普遍情感。久而久之，优良的礼教民俗建立起来，国家政治清明，社会安定团结，人民安居乐业。

明朝颜从仕之母游氏性情温良敦厚，为人勤俭诚实，对人恭敬，对几个儿子要求严格。

游氏每天都要监督几个儿子读书，没有哪天间断的。对于媳妇，则要求她们每天装扮整齐到自己面前请安。如果有哪一点做得不好，游氏就会耐心地用礼法来教导她们。每当游氏问话的时候，几个儿子都会端正衣冠来回答，丝毫不敢怠慢，而游氏自己也以身作则。因此家中虽然有几百口人，但是人人都循规蹈矩。

正是因为游氏严格的家规，乡里人都把游家当作自己的榜样，以此来要求自己和身边的人。

家规体现孝道，体现“亲亲”“尊尊”，从而促进了家庭和谐，而家庭和谐是社会和谐的重要基础。

禮尚往來

與其敬不足而禮有
餘也不若禮不足而
敬有餘也

丙申冬
澗山畫 金[illegible]題

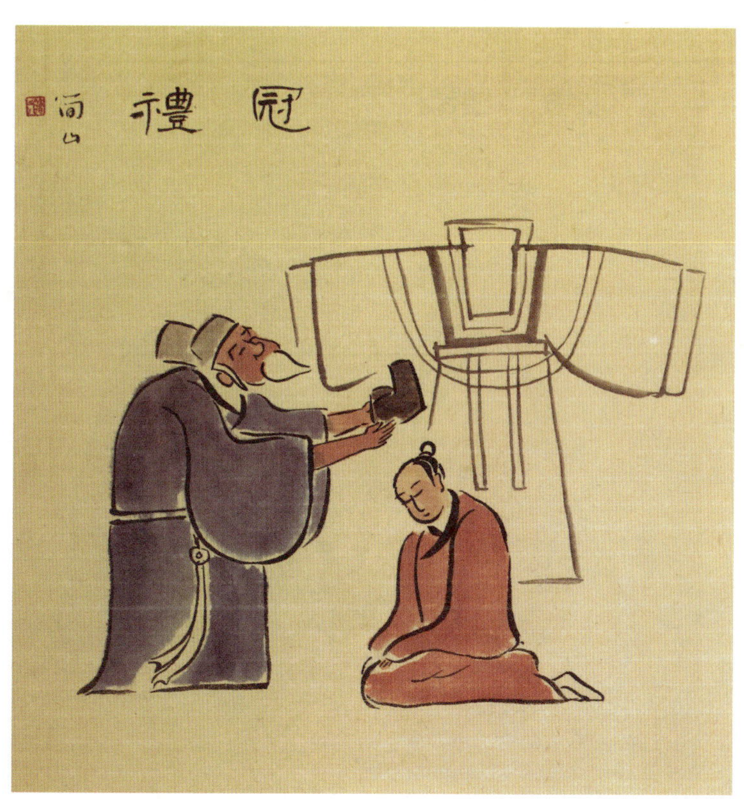
冠禮

婚禮

原文

玉不琢[1]，不成器；人不学，不知道[2]。

（《礼记·学记》）

注释

①琢（zhuó）：雕琢。②道：道理。

译文

玉石不经过雕琢，就不能成为玉器；人不学习，就不懂得道理。

解读

原文以“玉石成器”为例，论述了人们学习和教育的重要性。玉要成器，就不得不进行雕琢；人要成才，就不得不接受教育。因此，古代的君王在治理国家时，把教育和学习放到了首要的地位。对于个人来说，广泛和深入地学习才能使我们适应社会的发展，成为对社会有用的人才。

子路曾疑惑地问孔子：“学习也会有好处吗？”

孔子便向子路列举了很多通过学习而成功的事例。孔子说：“一个国君如果手下没有善谏的官，就会闭目塞听，政事就会出差错；一个士人如果没有善于教诲的朋友，品德就会有缺陷。木材打上墨线才能锯得直，人接受规劝才会有成就。从师学习，而又好问，哪有不成功的道理？毁仁弃义，厌恶士人，离犯罪就不远了。所以想做贤能的人，不能不学习。”

子路并不赞同，反驳道：“南山上生长的竹子，不用揉搓本身就是直的，砍下来做箭用，可以射穿牛皮。何必要学习呢？”

孔子听了之后说：“如果在箭的末端粘上羽毛，把箭头磨锋利，不是能射得更远吗？”

听了孔子的话，子路哑口无言，赶紧弯下腰拜道：“我恭敬地听从老师的教诲。”

原文

虽有嘉肴，弗食，不知其旨[①]也；虽有至道，弗学，不知其善也。是故学然后知不足，教然后知困[②]。知不足，然后能自反[③]也；知困，然后能自强[④]也。故曰，教学相长也。

（《礼记·学记》）

注释

①旨：味美。②困：贫乏。③自反：自我反省。④自强：自己努力向上。

译文

即使有精美的食物，如果不吃它，也不知道它的味道美；即使有高深的道理，如果不学习它，也不知道它的奥妙。所以通过学习，然后知道不足；通过教，然后知道（自己知识）贫乏。知道自己不足，然后能自我反省；知道（自己知识）贫乏，然后能够奋发自强。所以说，教和学是互相促进的。

解读

《学记》一般认为是战国后期思孟学派的作品，它从理论上第一次对先秦时期的教育作出了较为全面和系统的总结。原文从教和学两条主线出发，分别论述了教和学的特点，以及两者之间的关系，认为它们是相互联系、相互渗透、相互促进的，最后揭示了教学相长的基本规律。

原文

是故治世[1]之音安以乐，其政和；乱世之音怨以怒，其政乖[2]；亡国之音哀以思[3]，其民困。

（《礼记·乐记》）

注释

①治世：太平时代。②乖：违背。③思：悲伤。

译文

太平之世的音乐，安适而欢乐，其政治必是平和的；乱世的音乐，哀怨而愤怒，其政治必是荒唐透顶的；国家灭亡之时的音乐，悲哀而忧虑，百姓困苦无望。

解读

原文论述了音乐与政治是息息相关的。因为音乐流露出的是人们内心的真实情感，反映社会生活现实。而政治作为社会生活中不可或缺的部分，自然也为音乐所反映，从流传的音乐中可以了解社会政治的情况。也就是说，可以从音乐中了解国家政治是清明还是黑暗，人民是幸福还是痛苦。

儒家认为声、音、乐存在着区别。声指一切通过耳目感知到的响声。音可以特指有节奏、有音调、有旋律的声。只有具有道德教化价值、能够陶冶心性的音，才能被称作“乐”，“德音之谓乐”，“乐者，通伦理者也”。所以，禽兽只知道声而不知道音，一般百姓只知欣赏音而不知欣赏乐，只有君子才能真正欣赏乐。后世将音乐二字连用，已取消了音与乐的区别。

不同的音乐有不同的风格，可以表达不同的情感，给人不同的感受。有的刺激感官，有的净化心灵；有的使人疯狂，有的使人恬静；有的使人暴戾，有的使人平和；有的使人颓靡，有的使人奋进；有的使人愉悦，有的使人悲伤。中国古代有“奸声”与“正声”、“淫乐”与“和乐”、“善乐”与“不善乐”之别。我们可以将音乐分为四大类：具有道德教化功能的音乐，谓之“善乐”；具有败坏道德功能的音乐，谓之“恶乐”；具有审美价值，陶冶性情、愉悦精神的音乐，谓之“美乐”；缺失审美价值，污染性情、扰乱精神的音乐，谓之“丑乐”。孔子看到了“恶乐”“丑乐”的危害性，主张“放郑声”，因为“郑声淫”，并且“郑声”会乱“雅乐”。创作者不要创作“恶乐”“丑乐”，而要创作“美乐”“善乐”。民众不要听“恶乐”“丑乐”，而要听“美乐”“善乐”。

原文

凡音者，生于人心者也。乐者，通伦理[①]者也。是故知声而不知音者，禽兽是也。知音而不知乐者，众庶是也。唯君子为能知乐。

（《礼记·乐记》）

注释

①伦理：人伦物理。

译文

一切音都产生于人的内心。乐与伦理相通。所以，只懂得声不懂得音的，是禽兽。只懂得音而不懂得乐的，是普通百姓。只有君子才懂得乐。

解读

原文论述了音乐的社会功用。音乐同人的德行和性情相关，对人的思想和感情产生影响。音乐是人们发于声、动于情、晓于理的产物，可以据以体察民情。音乐反映了人心善恶，反映了现实美丑。春秋战国时代是“礼崩乐坏”的时代。“礼崩”指的是良好的礼仪丧失而恶性的礼仪涌现，如奢侈浪费的礼仪、缺失道德内涵的礼仪、烦琐的礼仪等。“乐坏”指的是音乐品质的败坏，即使乐器、乐理高度发达，音乐作品大量产生的时代，也会出现“乐坏”的现象。在低俗、庸俗、媚俗文化流行，商业文化流行，厚黑学泛滥的时代，“礼崩乐坏”的现象会再度出现。在物质主义和拜金主义泛滥的时代，个人生存的艺术性会大大降低。彭林先生在《守望中华礼仪之邦》一文中讲：“人们过度追求物质享受，而忽视了人格和道德的培养，甚至失去了精神家园。人除了得到钱不知道这个世界上还有比这个更快乐的事，除了得不到钱不知道这个世界上还有比这个更痛苦的事。”

原文

大乐与天地同和，大礼与天地同节①。和，故百物不失；节，故祀天祭地。

（《礼记·乐记》）

注释

①节：节序。

译文

恢弘的音乐，与天地保持和谐；盛大的礼仪，与天地有同样的节序。有了和谐，所以万物不丧失本性；有了节序，所以才按时节祭祀天地。

解读

原文论述了礼乐的功用。通行于天下的乐与天地保持和谐，通行于天下的礼与天地一样节制万物。它们各自发挥和合与节制的功用，从而使天下和谐，万物各自遵循本性生长却并不互相妨害，有秩序而且能够包罗万象。人们在礼乐的熏陶之下，彼此能够相互尊敬、相互爱戴，所以古代圣明贤良的君王无不以礼乐治国。

这段话还说明了和谐的重要性。我国西沙群岛中有一个小岛。这岛虽然小，却生长着青翠的树林，很多昆虫和海鸟生活在这里。驻守在这里的解放军战士生活十分艰苦，他们吃的粮食、喝的淡水、种菜的土壤都要从陆地运过来，但他们还是克服了重重困难，在小岛上种菜养花，这样一来，小岛倒成了一个小花园。

他们还在岛上养了鸡，以改善生活条件。后来鸡不断繁殖，数量越来越多，以至于他们只需要在林子里转一圈就能拾回满满一筐鸡蛋。可是过了一段时间，岛上的老鼠竟然成了灾，严重危害到鸡群的安全。白天的时候，一个小时的时间就会有二十多只雏鸡被老鼠咬死。到了夜里，两三只大老鼠竟然明目张胆地进攻老母鸡。就这样，鸡的数量因为老鼠而越来越少，那些侥幸存活下来的鸡也不敢出来了，干脆躲到了树林里。

后来有人提议，既然老鼠害怕猫，何不将猫带到岛上来消灭老鼠呢？果然，这样一来老鼠的数量的确减少了很多。可是战士们在岛上巡逻的时候，却在低矮的抗风桐树下发现了一堆堆的鲣鸟的尸体。原来，猫不仅吃老鼠，还会对这些珍贵的鲣鸟造成伤害。由于鲣鸟属于重点保护的鸟类，为了不让这些猫伤害鲣鸟，无可奈何的战士只得又养起了狗。狗有灵敏的嗅觉，因此很容易就能发现那些猫，会马上扑上去将猫咬死。可是猫死了，老鼠又再度猖獗起来。而且狗还爱打架，每天汪汪乱叫，把小岛吵得不得安宁。这次驻守海岛的解放军实在是无能为力了，他们只得写信给科学家，向他们寻求解决问题的办法。

其实，世界上的生物组成了一台十分精妙的“机器”，而每一种生物都是这台机器的零件，它们之间相互依赖、相互影响。一旦人类不小心触动了其中的某一个零件，那么带来的麻烦可能就是谁也没办法预料的。

因此，人要同天地万物和谐共存，与天地万物运行之道一致。

原文

乐者，天地之和也。礼者，天地之序也。和，故百物皆化[1]；序，故群物皆别。

（《礼记·乐记》）

注释

①化：化生。

译文

乐，体现天地间的和谐；礼，体现天地间的秩序。有了和谐，所以万物化生；有了秩序，所以万物都有了区别。

解读

原文论述了礼乐的功用，礼可以建立秩序，乐可以营造和谐。天地的和谐使万物能够化育生长，天地的秩序使万物有所差异。所以，圣人在通晓了天地自然的规律后，制定礼时，效仿的是天地的有序、合理，制作乐时，效仿的是天地的和谐。圣人制礼作乐，与天地相配，大兴礼乐，完备礼乐，天下自然吉祥太平。

“一个对大自然的美完全无动于衷的人是不可能欣赏《美丽的蓝色多瑙河》的。”这是李岚清的名言。正是人类对大自然有所感悟才产生了音乐，就如《乐记》所说：“凡音之起，由人心生也，人心之动，物使之然也。”

《高山流水》的作者据传是伯牙，有一个关于他的故事恰恰说明了音乐与自然是有紧密联系的。传说，伯牙曾跟随成连先生学古琴。尽管他已经掌握了各种演奏技巧，然而老师却告诉他，他的演奏仅仅是将音符弹出来罢了，并不能引起欣赏者的共鸣。为了能让伯牙知道如何真正地演奏古琴，成连先生就将他带到了东海的蓬莱山，并对他说：“我要去寻访一个故人，你就在这里练琴等着我回来吧!”说完就划着小船走了。

就这样，伯牙在那里一边练琴一边等着成连先生。然而十天过去了，成连先生还是没有回来，伯牙等得十分心急。他每次调琴的时候都会举目四望，却发现除了能听见海水迸激的号吼，再也不能在岛上找出第二个人。远眺山林的时候，映入眼帘的又是一片郁郁葱葱，深远莫测，且不时会传来群鸟高飞啁啾的声音。伯牙这时候充分领略了大自然的风光，这些景象妙趣横生，所发出的声音又是奇特不一，让他不由心旷神怡、浮想联翩，更激发了他创作的欲望。于是他当即就以手拨弦，谱下了一曲《水仙操》。这首曲子妙音逸韵，充分显示了大自然的神韵，是一首难得的佳作。而伯牙也因此领悟了艺术的真谛，那就是以情动人。

不久后，成连先生回来了，他听到了伯牙的演奏之后，大赞其感情真切，认为他的表演有了艺术生命。伯牙终于明白，原来老师是想借大自然给他上课。从此以后，伯牙在生活中不断地积累，最终成了操琴的高手。

音乐产生于大自然，体现天地中和之美。

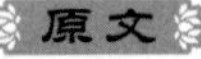

君子乐得其道[①]，小人乐得其欲。

（《礼记·乐记》）

注释

①道：道义。

译文

君子为得道而快乐，小人为满足欲望而快乐。

解读

原文论述了君子和小人对于乐教不同的感受。君子明白乐教的施行可以改良社会风气，转变社会风俗，可以使人们心平气和，向往道义，所以推广乐教，施行教化，遵从道义，获得快乐。用道德来约束欲望，那么快乐就不会过度。小人仅仅是因为耳目之欲得以满足而高兴。追求欲望的满足而忘记了道德，得不到真正的快乐。

乐有感官之乐与心灵之乐两类。心灵之乐又有“体道之乐”“人情之乐”“审美之乐”三类。幸福的真正含义是：人既要有感官之乐，也要有“体道之乐”“人情之乐”“审美之乐”。如果只有满足衣食住行需要的感官之乐，而心灵则充满了痛苦、烦恼、妄念，人就不是幸福的。现在，经济的高速发展极大地丰富了人的物质生活，感官之乐得到了满足，但是，由于文化衰败与正道缺失，“体道之乐”“人情之乐”“审美之乐”正在大面积地消亡。所以，我们看到这样的事实：一个人经济条件不断好转的时候，获得了更多的感官之乐，但是，由于欲望的膨胀及心灵的扭曲，他的幸福指数却在不断下降。

“乐道”即是“体道之乐”“得道之乐”“学道之乐”。“乐道”的最高境界是，克服人与道相分离的状态，达到“与道合一”，主体与道合为一体，主体在自觉自由的状态中呈现道的精神。南宋理学家陈埴说：“凡说所乐在道，以道为乐，此固学道者之言，不学道人固不识此滋味。”远离道的人，背离道的人，就不可能获得“体道之乐”。

道即仁、义、礼、智、信、忠、孝、廉、毅、和十大义理，故乐道即是乐仁、乐义、乐礼、乐智、乐信、乐忠、乐孝、乐廉、乐毅、乐和。

原文

德者，性之端[1]也。乐者，德之华[2]也。金石丝竹[3]，乐之器也。诗，言其志也。歌，咏[4]其声也。舞，动其容[5]也。三者本于心，然后乐器从之。是故情[6]深而文[7]明，气盛而化神，和顺积中而英华[8]发外，唯乐不可以为伪。

（《礼记·乐记》）

注释

①端：根本，发端。②华：光彩。③金石丝竹：指乐器。钟为金，磬为石，琴瑟为丝，箫管为竹。④咏：吟唱。⑤容：姿态。⑥情：指感情。⑦文：文采，即乐曲旋律的变化。⑧英华：美好的神采，指乐富有感染力的表现形式。

译文

道德是性情的发端，音乐是道德的外在表现，金石丝竹是演奏音乐的器具。诗是用来表达人的心志的，歌是用来咏唱心声的，舞蹈是用来活动形体姿态的。这三者都本自人的内心，然后乐器随从伴奏。因此感情深厚而且文采鲜明，气势盛大而且出神入化，和顺的情感蓄积在心里而光华显露在外面，只有音乐是不能够作伪的。

解读

原文论述乐真实地反映了精神世界，表现了精神生活，它是不可能作假的。诗用以抒发心志，歌用以表露心声，舞用以表现姿态，它们都是发自内心而产生的，然后用金石丝竹来伴奏，形象生动地表达着幽深的心志、变化着的旋律和气势。流露出真情实感的音乐潜移默化地影响着人。因而，具有道德内涵的音乐，可以达到教化的功用。

梅兰芳的演出可以说是戏曲史上“高台教化”与“与民同乐”相结合的最生动、最精彩的典范之一，也是善与美高度融合的典范。这得益于他自幼接受的传统仁爱教育。他的祖父梅巧玲（慧仙）是当时京剧“同光十三绝”之一的名旦，为人忠厚孝义，曾有舍己为人的“焚券”“赎当”之善举。梅兰芳年少的时候，祖母就常常用祖父的事迹教导他，让他一定要记住梅家忠厚恕道的门风，哪怕是日后有了出息也不能学那种只顾自己、不顾旁人的坏习气。

1935年，梅兰芳到苏联访问，与两位世界级的戏剧大师斯坦尼斯拉夫斯基和布莱希特相遇。在观看了梅兰芳的表演后，斯坦尼斯拉夫斯基说：“这可真是充满了诗意的、样式化了的现实主义啊！”俄罗斯戏剧艺术家梅耶荷德也这样说道：“俄国演员看了梅兰芳运用手的方式后，唯一可以做的事情就是——他们应该把自己的手砍掉。”

丰富多彩的剧目、精湛的表演技巧、绚丽的服饰是梅兰芳表演体系中不可或缺的组成部分，而最重要的莫过于体现于其中的“中和之美”——含蓄蕴藉、不温不火，这恰恰准确地表现了中华民族善良、内敛的性格。“中和”是儒家伦理道德思想的集中体现，其意为中正、中和，不偏不倚。梅兰芳先生准确地掌握了“中和之道”，并将“中和”的原则巧妙地运用到了自己的生活和表演中。

梅兰芳培育了中和之德，他的表演就能呈现中和之美。

原文

致礼以治躬则庄敬，庄敬则严威。心中斯须[1]不和不乐，而鄙诈之心入之矣。外貌斯须不庄不敬，而易慢[2]之心入之矣。

（《礼记·乐记》）

注释

①斯须：片刻。②易慢：轻佻怠慢。

译文

致力于用礼来调节身形举止，态度就庄严恭敬；态度庄严恭敬了，就能产生威严。心中有片刻不处于中和愉悦之中，卑鄙狡诈之心就会萌生。外貌上有片刻不庄严恭敬，怠慢之心就会萌生。

解读

原文论述了礼教可以端正人们的仪态举止，可以使人们的言谈举止恭敬而谨慎。明白礼的内涵，遵守礼的规范，就可以避免外貌有片刻的不庄重、不恭敬，轻佻怠慢的念头就不会乘机产生。

儒家在礼教的基础上提出了“持敬”之论。有人问：“敬何以用工？”朱子答道：“只是内无妄思，外无妄动。”“外无妄动”指的是，在容貌、服饰、态度、动作上都要整齐严肃，通过调整言行举止，进而调整思维情绪，振作精神。按照身心一致的法则，你可以用身体动作来带动心情的转变：如果你露出笑容，你的心情就会转好；如果你挺起胸膛，你的精神就会振作；如果你快步向前，你的意志就会更加坚定。威廉·詹姆斯说："如果你感到不快乐，那么唯一能找到快乐的方法，就是振奋精神，使行动和言词好像已经感觉到快乐的样子。""内无妄思"指的是：将心专注于持守义理之上，而不能放在邪恶之念上；将意识专注于当下所做之事上，而不能游移在无关之事、纷乱之事上。把放荡的心收敛起来，做自身的主宰，"敬只是收敛来"，"敬只是此心自做主宰处"。身体就像是一幢房子，而心灵就是房子的主人。如果房子长期没有主人住在里面，没有主人加以维护，房子就会越来越破。

原文

是故乐在宗庙之中，君臣上下同听之则莫不和敬；在族长乡里[①]之中，长幼同听之则莫不和顺；在闺门[②]之内，父子兄弟同听之则莫不和亲。

（《礼记·乐记》）

注释

①乡里：乡村里弄。②闺（guī）门：家中。

译文

所以音乐在宗庙之中，君臣上下一起听了它，就再也没有不和谐恭敬的了；在乡村里弄之中，年长的和年少的一起听了它，就再也没有不和谐顺从的了；在家门之内，父子兄弟一起听了它，就再也没有不和睦相亲的了。

解读

原文描述了古代圣王制作音乐所产生的社会功用。古代圣王立乐的原则是，音乐的表达方式要符合道义，避免出现惑乱人心的情况。所以制作了雅正的音乐来引导人们：使音乐能够表达真情实感，引人积极向善；使音乐能够表达欢乐，但并不放纵；使歌词能够表达意义，但并不蛊惑人心。

魏文侯向子夏请教问题。魏文侯说："听古乐的时候，我坐得很端正，衣帽也十分整齐，唯恐睡着；而去听新乐，我就不知道疲倦。请问这是什么道理呢？"

子夏说道："你表面上问的是'乐'，可你实际上问的却是'音'。你所问的'音'，是流于形式、毫无意义、乱七八糟的音，是靡靡之音、亡国之音。什么是‘乐’呢？答案是‘德音之谓乐’。比如说文王、武王那个时代的颂歌，让人感受到怎样除暴安良。而你所说的‘音’，男女混杂在一起，不知父子尊卑的礼义，大家看完以后不知所云，不知道是表达什么思想。”

在这里，子夏讲了“音”与“乐”的区别。并不是所有的“音”都可以叫作“乐”，有道德内涵的“音”才是“乐”。

乐教与礼教相配合。乐教所采用的音乐，都是有道德内涵，有人性光辉的音乐。不少流行音乐为商业目的而制作，迎合低级趣味，不是乐教所需要的音乐。

原文

张[①]而不弛[②]，文武[③]弗能也。弛而不张，文武弗为也。一张一弛，文武之道也。

（《礼记·杂记下》）

注释

①张：拉紧弓弦。②弛（chí）：放松弓弦。③文武：周文王和周武王的合称。

译文

一直把弓弦拉得很紧而不松弛一下，即使周文王、周武王也无法办到；一直松弛而不紧张，那是周文王、周武王也不愿做的。有时拉紧，有时放松，宽严相济，这才是周文王、周武王治国的方法。

解读

原文中孔子生动形象地以拉弓来比喻周文王和周武王治理民众和国家的方法。他们治理民众和国家，就像拉弓一样，不是只知道拉紧而不去放松，也不是只知道放松而不去拉紧。他们既懂得紧张之法，又掌握松弛之道，以此来适应不断变化着的民情和国情，因时、因地作出相宜的决策。

相传夏朝有一个著名的神箭手，其名曰“后羿”，他有百步穿杨的好本领，精通立射、跪射、骑射等，几乎从未失手。听闻后羿的本领之后，夏王十分感兴趣，他命人将后羿召到宫中，想要领略一下他的箭术。

夏王对后羿说：“如果你能按我的要求射中目标，你将会得到黄金万两的赏赐；反之，要是射不中的话，那么我要削减你的一千户封邑。”说完就命人将后羿带到了御花园中开阔的地方，命侍从找来一块兽皮箭靶，那箭靶一尺见方，靶心直径约有一寸。

后羿一心想着可能到手的万两黄金或失去的千户封邑，心情实在难以平静。但他还是慢慢地走到了离箭靶约有一百步的地方站好，然后弯弓搭箭，摆好姿势之后开始瞄准。可是一想到自己这一箭出去之后可能造成的后果，后羿的呼吸就变得急促起来，就连拉弓的手也在发抖，以至于瞄了好几次都没办法把箭射出去。他稍稍平复了心情，猛地将箭射出。“啪”的一声，箭却钉在了离靶心几寸远的地方。见此情形，后羿不由得变了脸色，精神更加不集中，导致接下来射出的几箭偏得更加离谱。收拾了弓箭之后，后羿只得悻悻地离开了王宫。万分失望的夏王感到十分疑惑，便询问大臣说：“真是奇怪，明明后羿平时射箭都是百发百中的，怎么今天却失了水准?”这时，一位大臣站了出来，说道：“平常后羿射箭不过就是一般的练习，他怀着一颗平常心，自然也就能正常发挥应有的水平。可今天射出的一箭却关系到切身的利益，以至于他根本没有办法静下心来专心施展技术。”

心理学上有这样的说法：人做事的动机太强或太弱，效率都会降低；只有动机水平保持中等强度的时候，才能取得最好的结果。这也就是说，最好的临场状态应该是压力和兴奋都适度的时候。

后羿由于动机太强，破坏了张弛有度的心理，以至于没有发挥出高超的箭术水平。

原文

夫圣王之制祭祀也，法[1]施于民则祀之，以死勤事则祀之，以劳定国则祀之，能御大灾则祀之，能捍[2]大患则祀之。

（《礼记·祭法》）

注释

①法：王梦鸥据《汉书·韦贤传》释“法”作“功”。

②捍：抵御。

译文

圣王制定祭祀之礼，根据以下原则：其良政善法施行于人民者应享受祭祀；勤于事业、至死方休者应享受祭祀；以辛劳奉献国家者应享受祭祀；能够抗击大灾难者应享受祭祀；能够消除大祸患者应享受祭祀。

解读

原文论述了古代圣王规定的祭祀对象：有功于民，被百姓树立为榜样的；为国家殉职的；为安邦定国有丰功伟绩的；为人民抵御重大灾害的；保卫民众免于祸患，救民于水火的。这些人去世了，之所以祭祀他们，是为了报答他们为国家、为人民作出的贡献和牺牲，为人民树立榜样，并且通过祭祀活动使人民受到教育。

原文

孝子之祭也，尽其悫[1]而悫焉，尽其信而信焉，尽其敬而敬焉，尽其礼而不过失焉。进退必敬[2]，如亲听命，则或使[3]之也。

（《礼记·祭义》）

注释

①悫（què）：诚实。②敬：毕恭毕敬。③使：使唤。

译文

孝子祭祀，要竭尽诚心而表现出诚心的行为，竭尽信念而表现出确信神灵的样子，竭尽敬意而表现出敬事鬼神的举动，竭尽礼节而没有过失。进退时恭恭敬敬，仿佛亲自听受神灵的指示，好像听凭使唤似的。

解读

原文描述了孝子在祭祀过程中应有的行为举动以及真情实感。孝子在祭祀中，一举一动都应毕恭毕敬。奉献祭品时诚心诚意、面色庄重，依照礼仪程序进行。孝子祭祀时，仿佛过世的亲人或者神灵就在眼前一样，随时等待他们的吩咐。献完祭品退后站立时，脸上的神色依旧恭恭敬敬，十分庄重。

中华孝道中有一项重要内涵，就是必须以真诚之心孝敬亲人。《礼记》在解释“孝”的含义时说：“孝者，畜也。顺于道，不逆于伦，是之谓畜。是故孝子之事亲也，有三道焉：生则养，没则丧，丧毕则祭。养则观其顺也，丧则观其哀也，祭则观其敬而时也。尽此三道者，孝子之行也。”（《礼记·祭统》）在对亲人的“养、丧、祭”三个过程中，都必须有真诚之心，才能有“顺、哀、敬”的感情与行为。特别是在祭祀过程中，更要诚心诚意。

儒家主张将“信”与“孝”结合起来，如果做不到“信”，就会影响父母的名声，使父母蒙羞，也是一种不孝的行为。正如《礼记·祭义》所说：“父母既没，慎行其身，不遗父母恶名，可谓能终矣。仁者，仁此者也。礼者，履此者也。义者，宜此者也。信者，信此者也。”对自己的父母都不讲诚信的人，对外人难免大行欺诈之术。

原文

孝子之有深爱者必有和气，有和气者必有愉色，有愉色者必有婉[①]容。

（《礼记·祭义》）

注释

①婉：柔顺。

译文

孝子对父母有深厚的爱，必定产生温和之气；有温和之气，必定有愉悦的神色；有愉悦的神色，必定有柔顺的仪容。

解读

原文描绘了孝子对待父母长辈的神色状态，通过对这一外在神态的描绘，深刻地洞悉了孝子的内心世界。孝子呈现出和颜悦色，是因为他们对父母有深爱之情。

相传明朝时有个名叫武师端的人，他的妻子江氏为人善良宽厚，无论是对自己的父母还是对公婆都十分孝顺，深受邻里的赞扬。

江氏嫁到武家之后，她的婆婆患上了痢疾。每天，江氏都亲自为婆婆清洗身体和衣物。邻居见状，劝她让丫环仆婢来做这些事情，不需要自己动手。

江氏回答："如果让仆婢来做的话，她们只会将这些看成是自己不得不做的工作，心中肯定会有怨言，而不是心甘情愿的；而我来做却是心甘情愿的啊！"

过了不久，婆婆又得了重病，二十多天也不见好。这种病十分厉害，弄得婆婆什么东西也吃不进去，哪怕吃进去了也是立刻就吐出来。才几天的工夫，婆婆已经是瘦弱不堪了。

江氏看在眼里急在心里，心中暗恨自己的无能为力。于是江氏就偷偷将自己左手臂上的肉割下来，烘干研成粉末，哄婆婆说是药，让婆婆吃下。过了不久，原本连大夫也束手无策的病竟然渐渐好了。

平日里每天吃饭的时候，江氏一定要亲自侍奉婆婆用完饭，自己才去吃。料理家事的时候，江氏唯恐婆婆听到不愿听的话而徒增烦恼，所以当着婆婆的面，从来不说一句话。

邻里看到江氏对婆婆的孝行，没有一个不称赞的。大家都以她为楷模，争相效仿，以求家里能和乐安康。

只要有真诚的孝心，就会有温和之气、愉悦的神色、柔顺的仪容。

另外，需要指出的是，将自己身上的肉割下来做药，只是表达了孝子的真诚之心，从中医或西医的角度上讲，人肉并无特别的疗效，因此，割肉疗亲的做法并不可取。

原文

君子反古复始，不忘其所由生也，是以致其敬，发[1]其情，竭力从事以报其亲，不敢弗尽也。

（《礼记·祭义》）

注释

①发：抒发。

译文

君子反思远古，追溯起源，不忘记自己从何而来。所以表达自己的恭敬，抒发自己的情感，竭尽全力回报自己的亲人，不敢不尽心尽力。

解读

原文论述的是君子不忘父母和祖先的恩德，竭尽所能地去报答他们，尽心尽力地对他们表示恭敬。

在山东卫视播出的《天下父母》节目中，提到了关于大连孝子王希海的感人故事。

时年二十三岁的王希海本来有出国、恋爱、成家的机会，可为了照顾因为脑出血而成为植物人的父亲，他毅然舍弃了大好前程，守在父亲身边照顾他。

到了2007年，王希海已经快五十岁了。在长达四分之一世纪的时间里，他一直尽心尽力地照顾自己的父亲。成为植物人的父亲已经完全丧失了自理能力，穿衣吃饭、睡觉翻身、吐痰等基本的生理活动只能完全依赖于王希海。在这二十多年里，王希海每天都要给父亲喂饭三次。为了避免父亲因为长年躺在床上而长疮，他必须每隔一小时就为父亲翻身一次。因为父亲的身体经常出汗，王希海便坚持一天两次给父亲擦身，以便保持父亲身体的清洁。因为父亲身上的汗把床单弄湿，王希海始终坚持每天给父亲换一套床单，避免床单弄湿令父亲不舒服甚至生病。

王希海之所以能坚持二十几年如一日，是因为他有一颗对父亲的孝心。正是这颗赤诚不变的孝心，支撑着王希海走过了那么多年。王希海家中算不得富裕，甚至可以说贫寒，为了照顾父亲，他放弃了学业，甚至舍弃了工作，仅靠着一点救济金生活。他唯一的心愿就是能照顾自己的父亲，让他活下去。他始终将父亲的生命放在第一位，并将照顾父亲当作自己人生的目标。

王希海有着不忘根本的孝心，二十多年来一直照顾成为植物人的父亲，已达到了竭尽所能的境界。

原文

曾子曰："孝有三：大孝尊亲，其次弗辱①，其下能养。"

（《礼记·祭义》）

注释

①辱：羞辱。

译文

曾子说："孝道有三等：最高的孝行是发自内心地尊敬父母，其次的是不让父母受到羞辱，最下等的就是仅仅赡养父母。"

解读

原文表达了曾子对孝的见解。一般人认为，行孝就是赡养父母，但曾子却认为，比赡养更高级的孝，就是尊敬父母，就是不让父母受辱。"大孝尊亲"，父母首先是受到自己子女的尊重，其次是受到他人的尊重。"出必告，反必面"，就是对老人尊重的方式。子女外出，一定要让父母知道自己外出做什么事，什么时候回来，回来的时候要告知父母，以免父母心中不安，同时也让父母在浓浓的亲情中感受到温暖。来自他人的尊重，有相当部分是由儿女造就的。儿女德才兼备，服务社会，事业有成，必然给父母带来荣誉。"光宗耀祖"是传统社会中许多人努力奋斗的动力。《大戴礼记·曾子大孝》中说道，制作美味佳肴进献给父母，这仅仅是赡养，还不是完整的孝道。如果人们都赞叹他们的父母"很幸运啊，有这样的好子女！"，这样子女才算真正尽到了孝道。

原文

曾子曰："身也者，父母之遗体也。行父母之遗体，敢不敬乎？居处不庄，非孝也。事君不忠，非孝也。莅[①]官不敬，非孝也。朋友不信，非孝也。战陈[②]无勇，非孝也。五者不遂，灾及于亲，敢不敬乎！"

（《礼记·祭义》）

注释

①莅（lì）：任职。②战陈：战阵，战场。

译文

曾子说："自己的身体，乃是父母留传给自己的。以父母给自己的身体来生活、行动，敢不小心翼翼吗？日常起居不庄重，就是不孝；为君主做事不忠诚，就是不孝；做官不敬业，就是不孝；对朋友不诚信，就是不孝；临阵作战不勇敢，就是不孝。这五个方面做不到，就会殃及亲人，敢不小心翼翼吗？"

解读

原文中曾子说身体是父母给的，也就是说父母给予了我们生命，我们要珍惜和爱惜生命，在做事的时候要恭敬和谨慎，以此来回报父母。他还举了五个事例来论述如何做到孝敬：日常起居应庄重，为君王效力应忠诚，担任官职应认真，与朋友交往应诚信，抗敌作战应勇敢。只有做到了这五个方面，才不会让父母受到牵连。

原文

养可能也，敬为难；敬可能也，安[1]为难；安可能也，卒[2]为难。父母既没，慎行其身，不遗父母恶名，可谓能终矣。

（《礼记·祭义》）

注释

①安：自然。②卒：终己一生。

译文

赡养父母是可以做到的，尊敬父母相对难一些；尊敬父母是可以做到的，让父母感到舒适相对难一些；让父母舒适是可以做到的，终其一生做孝子相对难一些。父母去世后，自己慎重行事，不给父母留下不好的名声，这就可以称得上终身行孝了。

解读

原文阐述了曾子对终生行孝的观点。他认为孝敬父母表现在行为上叫作“养”，养父母又从有敬意的养到没有勉强地自然行孝，再到坚持一生都这样做，最后在父母去世后，还能不连累父母被他人诟骂，才是最终实现了行孝一生。行孝一生，既是对父母恩德的报答，也是对自身道德的修养，因为孝是一切善的根源，俗话也说“百善孝为先”。

从前有一个裁缝，他的妻子去世了，留下他一个人独自照顾三个儿子。等儿子们都长大成人以后，他也渐渐老了，双手抖得厉害，连针也拿不稳，眼睛也花了，再也没办法缝衣服了，于是失去了经济来源。而这个时候，已经成家立业的三个儿子也不愿回来照顾自己的父亲，只是每周回来和父亲吃一顿饭。

老人的身体越来越衰弱，儿子们来看他的次数却越来越少。他心里十分清楚，三个儿子是担心自己拖累他们。但他还是舍不得自己的儿子，便决心想一个办法，让儿子们自愿来陪伴自己。

他找到了做木匠的朋友，请他给自己做一个木箱子；接着又向当锁匠的朋友要了一把旧锁头；最后他找到了吹玻璃的朋友，请他给自己一些碎玻璃。回到家以后，他把那些碎玻璃都牢牢地锁在了那个木箱子里，并放在吃饭的桌子下面。接着，请他的三个儿子来陪他吃一顿饭。

当儿子们来到家里，坐在餐桌旁准备吃饭的时候，他们的脚踢到了箱子。他们低下头，发现是一个上了锁的大箱子，就问父亲里面装的是什么东西。老人若无其事地说：“那只是我平时攒下来的一些东西，没什么稀奇的。”

三个儿子半信半疑地踢了踢那个箱子，听到里面发出了声响，便以为大箱子里装的是金子。他们甚至挪动箱子，以了解究竟有多重。

晚餐过后，三个儿子准备各自回家。他们在路上商量，一定要保护好父亲的那笔财产，经过商议，三人决定每周由一个人来照顾父亲。第一周轮到小儿子，他搬到父亲的家里，并为父亲做饭洗衣，第二周轮到二儿子，第三周轮到大儿子。他们就这样轮流陪伴父亲，直到父亲去世。

当葬礼结束之后，三个儿子在老人的屋子里找到了钥匙。但是他们打开箱子之后都呆住了，因为他们看到的是一箱子的碎玻璃。

大儿子不甘心，把箱子翻了过来，把玻璃全都倒在地上，以看清楚是否还有什么值钱的东西。然而玻璃倒出来以后，箱底刻着的几个大字让三个儿子顿时无地自容——“孝敬父母”。

对父母的敬与爱，只有在没有功利回报的前提下，持久地存在，才是真实的孝道。

原文

一举足而不敢忘父母，一出言而不敢忘父母。一举足而不敢忘父母，是故道而不径[①]，舟而不游[②]，不敢以先父母之遗体行殆[③]。一出言而不敢忘父母，是故恶言不出于口，忿[④]言不反于身。不辱其身，不羞其亲，可谓孝矣。

（《礼记·祭义》）

注释

①道而不径：走路走大路而不走小路。②舟而不游：渡河乘船而不游水。③行殆（dài）：冒险。④忿（fèn）：愤怒。

译文

君子一举一动都不敢忘记父母，一言一语都不敢忘记父母。举手投足不敢忘记父母，所以走大道而不走小路，乘船而不游水，不敢用父母所给予的身体去冒险；说话时不敢忘记父母，所以伤人的恶语便不会说出来，愤怒、怨恨的话也不会落在自己的身上。不辱没自身，不让亲人为自己感到羞耻，就可以叫作孝了。

解读

原文论述的是如何从一言一行中去行孝，那就是时时刻刻把父母放在心上，不做任何不利于父母的事情。在举手投足间，爱惜父母给予自己的生命，保护好自己。在与人交流的时候，不口出恶语，不侮辱、谩骂他人。这样做自己就不会轻易受到别人的羞辱，父母也不会受到牵连。

乐正子春是曾子的学生，有一次他在离开堂屋时，不小心把脚弄伤了，过了好长时间才养好伤。伤好之后的乐正子春还是忧心忡忡，好几个月不敢出门。

他的学生看到这个情况，觉得很奇怪，就问他这是为什么。

乐正子春回答："我的老师曾子曾经告诉我，孔夫子有这样的教诲：'天之所生，地之所养，无人为大。父母全而生之，子全而归之，可谓孝矣。不亏其体，不辱其身，可谓全矣。故君子顷步而弗敢忘孝也。'也就是说，父母生育了子女，子女应当爱护自己，不能亏待自己，不做伤害自己的身体或侮辱自己德行的事，这样才能称得上是孝。君子的言行举止，都应当遵循这一点。每说一句话，每走一步路，都应当慎之又慎。现在，我伤到了脚，于孝道有亏，因而心生愧疚。君子一举一动、一言一行都应当不忘父母，哪怕走路也应当走大路而不是小路，过河时应当坐船而不是游泳，不使自己的生命陷入危难之境。说话的时候，更不应该口出恶言，以免招来祸患殃及自身，使父母忧虑，这才是真正的孝啊！"

原文

夫祭者，非物自外至者也，自中出，生于心也。心怵[1]而奉之以礼。

（《礼记·祭统》）

注释

①怵（chù）：敬畏、害怕。

译文

祭祀，不是从外面降临的事物，而是出自人们的内心。心中有所敬畏，才会以礼祭祀。

解读

在治理百姓的措施中，礼最为重要。礼有五种：吉、凶、宾、军、嘉。其中最重要的是祭礼。祭礼是人们发自内心的活动与行动，是人们对亡故的先人的追思与感恩，人们也希望通过举行祭礼，最终获得先人的庇佑与赐福。人们在祭礼上供奉祭品，举行仪式，演奏音乐，恭恭敬敬地举行祭祀的仪式，表达孝子之心。

孔子主张外在的礼要出于内心的真诚。即使见到年轻的盲人，孔子也会站起来，以示尊敬。孔子遇到盲人、穿礼服或丧服的人，一定快步走过，以示敬意。中华民族千百年来所形成的各种礼仪规范，都不是空洞的外在形式，都具有内在的精神。比如：在向别人说感谢之言时，内心一定要有感恩之情；在向别人敬礼时，要对对方充满敬意；在婚礼进行的过程中，要有神圣庄严的感觉；在丧礼进行的过程中，要有悲伤的感情和敬畏生命的情怀。

原文

诚信之谓尽，尽之谓敬，敬尽然后可以事[①]神明。此祭之道也。

（《礼记·祭统》）

注释

①事：事奉。

译文

有了诚信才能算是尽心；尽心才能算是恭敬。只有做到尽心而恭敬，然后才可以事奉神明。这是祭祀的原则。

解读

原文论述了祭祀的原则。人们把能供奉的东西全部摆出来，表示竭尽外物；对内则竭尽自己的孝心，以此来表达自己对祭祀对象的感恩之情，表达恭敬、崇敬之心。天子和诸侯分别在南郊和东郊亲自耕种供祭祀之用的黍稷，王后和夫人则在北郊亲自养蚕来供给祭祀用的祭服。他们亲自这样做是为了表达虔诚的感情，尽心尽力地祭祀。

信用可以表现在一次或多次的关系中，信誉则表现在长期而稳定的关系中。恪守信用、建立信誉可能是出于自觉，也可能是出于利益需要，还有可能是由于被迫。信仰则是完全出于道德自觉，出于生命主体的需要，而非出于功利的计较。只有达到至诚境界的人，才能建立信仰。在生命信仰方面，也讲“心诚则灵”。“诚”最早见于《商书·太甲下》中“鬼神无常享，享于克诚”的记载，以“诚”来形容笃信鬼神的虔诚。孤立的个人无法达到至诚的境界，人唯有充分完整地呈现自己的善良本性，并且体悟天道，善良本性与天道合一，由人道之诚提升至天道之诚，才能达到至诚的境界。汉朝的苏武、宋代的岳飞与文天祥、明时的于谦，都是浩然正气、感天动地的英雄，他们已达到至诚的境界，有崇高的信仰，名垂史册。

原文

除去天地之害[1]谓之义。

（《礼记·经解》）

注释

①害：祸患，祸害。

译文

清除天地之间的祸害，就是正义。

解读

道义的原则，具体表现为创造共同的利益，除去共同的祸害。任何人都不能脱离群体生活，个人的行为一定会影响到他人，只考虑自己而完全不顾及他人的行为，是行不通的。人要生存下来，就必须做到超出自我的狭隘界限，为群体考虑。这就要求人们，当个人利益与群体利益、他人利益发生冲突时，如果群体利益或他人利益的要求是合理的，个人利益就应该服从群体利益，舍弃自我私利。国家的职能之一，就是建设、维护国家的公共利益，如在教育、医疗、交通和环保等方面保障公共利益，使每个社会成员都能从中受益。

鲁国的季氏比王朝的周公还富有，可是冉求还在帮他搜刮钱财，聚敛财富。于是孔子说："冉求做这种事，根本不配做我的学生，大家可以大张旗鼓地去攻击他。"冉求的这种趋利行为是不义的。不义的行为可能一时得逞，但最终会遭到大家的反对，走向失败。面对不义之举与不义之人，要承担起阻止、忠告的责任。人人都必须在不义面前表明态度，或者跟从、纵容它，或者攻击、阻止它。志士仁人不只要独善其身，也要兼济天下，为维护天地人道的准则与威严而敢于担当大任，除奸去恶。

原文

故朝觐之礼，所以明[1]君臣之义也；聘问之礼，所以使诸侯相尊敬也；丧祭之礼，所以明臣子之恩也；乡饮酒之礼，所以明长幼之序也；昏姻之礼，所以明男女之别[2]也。

（《礼记·经解》）

注释

①明：表明。②别：区别，差别。

译文

所以，制定朝觐礼仪，是为了彰显君臣的道义；制定聘问之礼，是为了使各国诸侯相互尊敬；制定丧礼和祭礼，是为了表明臣民的感恩之情；制定乡饮酒礼，是为了明确长幼的顺序；制定婚礼，是为了明确男女的角色区别。

解读

原文讲的是朝觐之礼、聘问之礼、丧祭之礼、乡饮酒之礼、婚姻之礼的社会功用。每一种礼的产生与存在都是为了防止祸乱的发生，就像建筑防止洪水泛滥的堤防一样。堤防的毁坏会导致洪水泛滥成灾，礼教的废弃则会导致天下祸患无穷。因此，礼发挥着潜移默化的教化功能，可以防止或制止邪恶事情的发生，使人在不知不觉中趋向良善，远离和避开罪恶。

以丧礼为例，我们就可以看到：丧礼是在安顿死者的遗体与灵魂的过程中，运用礼仪培养关怀生命、敬畏生命、感念生命的意识。丧礼包括以下基本的环节：

（1）小殓：将尸体安放在规定的地方，用特制的殓被盖上，为死者沐浴、穿衣，修剪须发、指甲。死者裸露在外部的头、手一律用布或纸包好，死者口内要放置“口含”。

（2）招魂：传统说法认为，魂魄虽然离开人的肉体，但尚未远去，招魂者拿着死者衣裳呼喊死者名字，反复三遍，将衣裳盖在死者身上，魂魄可以返回肉体，表现生者对死者的眷恋和挽留。

（3）报丧：通报死讯，告知死者的子女亲属及生前好友。

（4）守灵：亲友守护灵柩、灵堂、灵位。

（5）奠祭：把酒食等祭品放在地上的祭祀，称为“奠祭”或“奠”。

（6）吊丧：死者的亲朋故旧亲自或委派代理人去死者治丧处或丧家进行吊唁，向死者的遗体告别，以表达哀悼之情。

（7）大殓：人死后的第三天举行盖棺仪式，设灵堂举行奠礼。

（8）出殡：灵柩即将启动时，先行“摔盆仪”，即由主丧长子或长孙跪在灵前，将放在灵柩前祭奠烧纸用的瓦盆摔碎。孝子、孝女以及亲属送灵柩到墓地下葬。

（9）守丧：守丧三年。在古代，服丧期间禁止游戏作乐、外出宴饮、嫁娶生子、匿丧求官。

原文

差若毫厘，缪[①]以千里。

（《礼记·经解》）

注释

①缪：通“谬”，错失。

译文

极小的误差，会造成极大的错误。

解读

原文是在阐述礼的教化作用体现于细微之处。礼发挥着潜移默化的教化作用，能够使邪恶的事情在还没有发生之时就自行消失，能够让人们在不知不觉中亲近良善的事物，远离罪恶。因此，贤明的君王都很崇奉礼教。这是因为他们知道丝毫的差距，最终有可能导致严重的后果。

原文

昔三代明王之政，必敬其妻子也有道。妻也者，亲之主[①]也，敢不敬与？

（《礼记·哀公问》）

注释

①亲之主：奉事宗祧的主体。

译文

从前三代圣明君王推行的政治，必定按一定的规矩来尊敬他的妻子和儿子，这是有道理的。妻子是奉事宗祧的人，敢不尊敬吗？

解读

原文中孔子论述了尊敬和重视妻和子的重要性。孔子以夏商周三代的贤明君主尊敬和重视他们的妻和子为例来说明。妻子是奉事宗祧的主体，古人又比较重视祭礼，因此，不得不尊敬和重视自己的妻子。国君敬重妻子给天下人做示范，天下人就会像国君那样对待自己的妻子，于是在整个国家中，百姓的家庭关系将更加和谐，家和则万事兴。

原文

身也者，亲之枝也，敢不敬与？不能敬其身，是伤其亲[①]；伤其亲，是伤其本；伤其本，枝从而亡。

（《礼记·哀公问》）

注释

①亲：指有血统关系的亲人，尤指父母。

译文

儿女的身体就像是父母大树上的分枝，敢不敬重吗？不能敬重自身，就是伤害自己的父母。伤害自己的父母，就是伤害自己的根本。伤害自己的根本，枝叶也会跟着枯死。

解读

原文中孔子论述了子女敬重自身的重要性。孔子生动形象地把父母比作大树，子女则比作大树的分枝，树与枝紧密相连。因此，敬重自己的同时也就敬重了父母，不敬重自己其实也是对父母的伤害，父母被伤害了就像大树的根被伤害了，那么，犹如大树分枝的子女也就随之受损、死亡。所以，敬重自己的生命非常重要。

曾子病危时，将学生召集到他的身边，对学生说："请你们看看我的手和脚，它们是不是还好好的呢？《诗经》曾言：'战战兢兢，如临深渊，如履薄冰。'要我们做人小心谨慎，时刻如同处在深渊边、行走在薄冰上一样。从今以后，我的身体终于可以免于受伤了。"

曾子的意思是，作为子女不应该随意伤害自己的身体，更不应该做辱没自身德行的事。曾子临终前手足俱全，与父母在地下相见，便可免去不孝的罪名。

曾子保护好自己的身体，使之不受到意外的伤害或者灾难的伤害，这是践行孝道的一种方式。

原文

敬而不中[①]礼谓之野[②]，恭而不中礼谓之给[③]，勇而不中礼谓之逆。

（《礼记·仲尼燕居》）

注释

①中：合乎。②野：粗野。③给：谄媚。

译文

尊敬但不符合礼，就会粗野；谦恭但不符合礼，就会谄媚；勇敢但不符合礼，就会乖逆。

解读

尊敬、谦恭、勇敢都是主观的心态，在外在的行为表现上是否得体，就要看是否依据一定的礼仪和行为规范去做。礼的用途之一是“治人情”。当喜、怒、哀、乐等心理情绪“未发”时，人处于平静安宁的状态。而当喜、怒、哀、乐等心理情绪发动之时，如果能以符合礼（即文明行为规范与道德行为规范）的方式进行，则人处于中和的状态；如果以不符合礼的方式出现，则人可能会出现偏激的状态。儒家认为，正常的人会有各种各样的情绪，不需要完全消除这些情绪而达到“淡定”的状态，然而情绪的发动要遵循文明行为与道德行为规范，保持“中和”的状态。这就是“发乎情，止乎礼义”，“发而皆中节”，使情绪处于“无过无不及”的状态。日本搞“购买钓鱼岛”的闹剧，激起了中国人的愤怒，许多人上街游行，表达强烈抗议，但也有少数人乘机搞“打砸抢”，就背离了“礼法”，处于“过”的状态。而有的人对日本政府的“购买钓鱼岛”行为没有任何情绪上的反应，就处于“不及”的状态。

原文

礼者，因人之情而为之节文[1]，以为民坊[2]者也。

（《礼记·坊记》）

注释

①节文：节制、文饰。②坊：通“防”，防范、防止。

译文

礼是根据人的性情而制作的限制和文饰，用于防范民众的越轨行为。

解读

原文着重强调的是礼的规范作用，强调用礼来规范人们的行为，防止人们做出各种错事、各种坏事。君子以礼来规范自己的行为，用刑罚来制止邪恶的行为。小人穷时困窘潦倒，就会去偷盗；富时骄奢淫逸，就会胡作非为。

礼包括礼之义理、礼之程式、礼之行为、礼之器物、礼之辞令、礼之仪容、礼之习俗等项。礼之义理是指礼所包含仁、义、智、信、忠、孝、廉、毅、和等精神。礼之程式是指行礼过程的仪式规范、章法、程序，包括行礼的时间、场所、人物、顺序、位置、器物、行进路线、使用礼器等，通常载于文献。礼之行为指文明行为规范与道德行为规范。礼之器物是指在行礼的过程中使用的服装、道具、祭品等。礼之辞令是指在行礼过程中使用的语言及在日常生活中符合礼的语言。礼之仪容是指行礼者个人所应当具备的符合礼的身体姿态及面容表情。礼之习俗是指礼之义理、程式、行为、器物、辞令、仪容等与当地的民俗民风、自然环境、人文环境、文化传统相结合，使礼大众化、习惯化、日常化，使民俗转化为良风善俗。

原文

子云："君子弛[1]其亲之过而敬其美。"

（《礼记·坊礼》）

注释

①弛：忘记。

译文

孔子说："君子要忘却双亲的过失，敬重他们的美德。"

解读

孔子认为君子应该忘记父母的过错，而记住他们美好的德行，这样做才是孝子。如果对亲人的过错念念不忘，就会有损亲情。当然，亲人有过，还是应当劝谏的。《论语》上也说，儿子在父亲去世三年之后，如果仍然坚持父亲所走的正道，没有改变，就可以说是孝顺了。商王武丁在其父去世后守丧三年，三年之中秉承先王的政令，三年过后才发布自己的政令，得到了人们的拥护和支持。

原文

子云："小人皆能养其亲，君子不敬何以辨？"

子云："父子不同位[①]，以厚敬也。"

（《礼记·坊记》）

注释

①同位：尊卑相等。

译文

孔子说："小人也能赡养他的父母，如果君子只是赡养而没有敬意，怎么与小人相区别呢？"

孔子说："父与子地位不同，是为了多增敬意。"

解读

原文阐述了孔子对小人与君子孝养父母的观点。小人与君子都能供养父母，区别就在于，君子怀着敬意去孝敬父母。父亲母亲与子女的位置是不同的，父母应当获得更多的尊敬。

爱敬父母是孝道的最高原则，孟子指出："孝子之至，莫大乎尊亲。"有爱敬之心，自然就有赡养之行。儒家强调人与禽兽之别。在对待父母的方式上，孔子认为，如果一个人仅仅对父母尽赡养之责，那就是将赡养父母与养牛马等同起来，这是远远不够的。对待父母与对待牛马的不同之处，就是一个"敬"字。尽赡养之责，小人都可以做到，君子的道德标准应当高于小人，君子与小人的差别就在于对父母有没有爱敬之心。

原文

道也者，不可须臾[1]离也；可离非道也。是故君子戒慎乎其所不睹，恐惧乎其所不闻。莫[2]见乎隐，莫显乎微，故君子慎其独[3]也。

（《礼记·中庸》）

注释

①须臾：片刻。②莫："没有什么更……"的意思。③独：独处时。

译文

道，是片刻不能离开的；如果可以离开，就不是道了。所以，君子在别人看不到的地方也会谨慎，在别人听不到的地方也会畏惧。没有比隐蔽的地方更容易表现道的，没有比细微的事物更容易彰显道的，所以君子在独处的时候要非常谨慎。

解读

原文论述的是君子"慎独"的品德。君子遵循正道，片刻都不能离开它。君子时刻按照正道来为人处世，无论有没有人看到或者听到自己的言行。即使在一个人独处的时候，君子也坚守正道，战战兢兢、小心谨慎地做人做事。这个道中包含了真诚的意念和端正的内心。

从前有一个名叫何岳的秀才，他的家境并不宽裕，但却凭着自己诚实守信、廉洁自律的品行得到了人们的尊敬。

有一次，他在夜晚外出的时候捡到二百多两白银。他担心如果把这件事情告诉家人，家人就会劝他留下这笔银子，于是没有跟家人提起。第二天天亮以后，他回到捡银子的地方等候，准备将钱还给失主。他到了那个地方，便看到有个人似乎在找什么东西，便上前询问，仔细核对，得知这个人就是失主，他便将银子原封不动地还给了他。失主很感激，连连道谢，并准备取出其中的一部分作为酬谢。何岳严词拒绝了，他说："如果我是贪图你的钱，那么当初捡到这些钱的时候，我完全可以留下来，因为当时并没有一个人知道。现在还给你，是因为怕我自己良心难安。若收下你的钱，我岂不是良心更难安？"

后来，他在一个官员家教书。一天，官员因为有急事要去京城，将一个装着数百两金子的箱子托给何岳代为保管，约定等自己回来的时候再取走。就这样过了许多年，官员却没有任何音信，何岳一直在打听他的消息。后来听说这个人有一个侄子南下办理其他事情，却不见他的侄子来取箱子。于是何岳主动找到他的侄子，托他将箱子带给那个人。

何岳是一个穷书生，钱对于他来讲不可谓不重要，但他却坚定不移地遵守自己的信念，即便是在没有人知道的情况下，他仍然不做违背原则的事情，真正做到了慎独。

何岳在人所不知的情况下坚守自己的道德情操，这便是守道之行为。

原文

喜怒哀乐之未发谓之中，发而皆中节谓之和。中也者，天下之大本[①]也；和也者，天下之达道[②]也。致[③]中和，天地位[④]焉，万物育焉。

（《礼记·中庸》）

注释

①大本：根本。②达道：通行的常理。③致：达到。④位：安于其处。

译文

喜怒哀乐未发之时，处于不偏不倚的状态，这叫“中”；喜怒哀乐已发之时，能够符合正道，这叫“和”。中，是天下通行的根本法则；和，是天下通行的大道。达到中与和，天地就会各安其位，万物就会生长。

解读

原文阐释了何谓中和之道。中即中正，和即和谐。持守中和之道，可以达到和谐；偏离中和之道，即产生冲突。当喜、怒、哀、乐处于未发状态之时，受到善的本性的内在节制，处于“中”的状态；当喜、怒、哀、乐发用之时，当喜则喜，当怒则怒，当哀则哀，当乐则乐，既出自内心真情，又符合义理，这就是“和”。

中道便是合于道，这里的“中”为动词。道分为真理与义理。中道则是指行为既要符合真理，也要符合义理，既要按客观规律办事，又要符合正确的道德法则。

中道也是正道，是与歪门邪道相对而存在的。

中行是符合中道的品行，这种品行可避免两种不好的极端。一个人应既不高傲自大，也不自轻自贱；既不同流合污，也不孤芳自赏；既不冒进，也不保守；既不僵化顽固，也不胡作非为。孔子主张对于学生，性格过于激进的加以遏制，过于谦让的加以鼓励。

持守中道，应当审时度势、与时俱进，根据事物不同时期的变化而采取适当的措施。事物中存在着一个适当的点，这个适当的点随着时空的变化而不断发生变化。例如，惩罚犯罪，给犯罪分子适度的打击，这是中道。但在不同时期，打击的力度可以不一样：在太平时期，打击的力度要轻一些；而在乱世，则需要“用重典”，加大打击的力度。《周易·系辞下传》曰：“变通者，趣时者也。”

原文

舜其大知也与[①]！舜好问而好察迩[②]言，隐恶而扬善，执其两端[③]，用其中于民，其斯[④]以为舜乎！

（《礼记·中庸》）

注释

①也与：表推测的语气词，相当于“吧”。②迩（ěr）：浅近。③两端：偏向两个极端的意见。④斯：此。

译文

舜可以算是一个有大智慧的人吧！舜喜欢向别人请教，喜欢考察浅显的话，包容别人的恶言而宣扬别人的善言，掌握事物的两个极端，并采纳适中的方法去引导百姓，这就是舜之所以能成为舜帝的原因吧！

解读

原文赞美了远古帝王舜的伟大品格，旨在劝谏统治者向舜学习而成为明君。舜常常请教他人，不耻下问，对于不好的言论不去渲染，对于好的言论则加以表扬，最后综合偏向两个极端的意见，做出适中的决策。

许多人做事容易走极端，就是因为他们只是执其一端，将其中某一方面夸大至极。“执其两端”即“执两”的意思是什么？就是考察、认识事物相互对立或相对而存在的两个方面。在看到问题的一端时，能看到问题的另一端。在处理问题的时候，不偏向其中一方，不固执其中一方，而是站在公正、中立的立场上，兼顾两端，在两端之间取得一个恰当的平衡点。例如，“不卑不亢”“无乖无戾”“德刑并用”“宽猛相济”“义利合一”“公私兼顾”等等，就是“执两”的处理方式。在书法中也存在这个问题。孙过庭《书谱》云：“初学分布，但求平正；既知平正，务追险绝；既能险绝，复归平正。”“初谓未及，中则过之，后乃通会。”“平正”和“险绝”是两端，两端取中，才是高级的境界。

孔子曰：“齐一变，至于鲁；鲁一变，至于道。”（《论语·雍也》）齐国重事功而礼乐不足，鲁国重礼乐而缺乏事功，所以，齐国要向鲁国学习礼乐，鲁国要向齐国学习事功。将鲁国的礼乐与齐国的事功两者结合起来，就是“执两”，二者皆不偏废，于是走向中道。

原文

故君子和而不流，强哉矫[1]；中立而不倚，强哉矫；国有道不变塞[2]焉，强哉矫；国无道至死不变，强哉矫。

（《礼记·中庸》）

注释

①矫（jiǎo）：使曲者变直。②塞：充实于内心的志向。

译文

君子与人和睦相处但不随波逐流，真是坚强啊！坚守中道而不偏不倚，真是坚强啊！国家有道，君子不改变志向，真是坚强啊！国家无道，君子至死不改变气节，真是坚强啊！

解读

孔子的学生子路向其请教何谓坚强，孔子便论述了君子真正的坚强：不随波逐流就是坚强，坚守中道就是坚强，坚持理想就是坚强，坚守正道、至死不变就是坚强。孔子倡导的是精神的强大，而非力量的强大。

“和而不流”讲的是，君子为人要和顺，但又不能无原则地随波逐流。可以容纳不同的观点，但如果不同的观点超越了底线，也就不能为和而和，而要坚持斗争，这就是“道不同，不相为谋”。

对于社会的不良现象，对于种种歪理邪说，要敢于坚持斗争。朱熹认为，“盖邪说横流，坏人心术，甚于洪水猛兽之灾，惨于夷狄篡弑之祸……人人得而攻之”（《孟子集注·滕文公章句下注》）。因为，歪理邪说比洪水猛兽的祸害还要大。

原文

夫孝者，善继[①]人之志、善述人之事者也。

（《礼记·中庸》）

注释

①继：继承。

译文

孝，就是善于继承先人的志向，善于继承先人的事业。

解读

原文中，孔子论述了孝道的核心内容之一就是“善继”和“善述”。他以周文王、周武王、周公承前启后地共同完成先祖的事业，即平定天下、推行周礼、奠定周朝昌盛的基础为例，说明要达到孝道的最高境界，就要继承祖先的遗志，完成他们还没有做完的事情。

泰伯是周太王的长子，其三弟名叫季历。传说在季历的长子姬昌出生的时候，有一只赤色的鸟，口衔丹书，落在了季历的门口，这被人们认为是圣人出世的征兆。周太王在得知这件事情以后，就想将原本应该传给长子泰伯的王位传给季历，再由季历传给姬昌，但又感到十分为难。

觉察到父亲心思的泰伯，不愿父亲为难，便找到了自己的二弟仲雍。二人商议之后，决定趁着父亲生病的时候，谎称上山采药，跑去了南方。泰伯和仲雍到了那里以后，在太湖边的梅里（今无锡梅村镇）住了下来，披散了头发，刺了文身。当地的土著居民听说了之后，有千余户人前来归附，并将泰伯奉为当地的君主，称他为“吴太伯”。

因为泰伯的主动让贤，三弟季历顺利继承了王位。之后，季历将王位传给儿子姬昌。姬昌就是后来的周文王，果然成为一代圣人。对于泰伯和仲雍的行为，孔子称为“至德”。

泰伯体察到其父的心意，不等父亲说出来就采取符合其父心意的行动，不让父亲为难，这是很高的孝行。

原文

子曰："好学近乎知[①]，力行近乎仁，知耻近乎勇。知斯[②]三者，则知所以修身；知所以修身，则知所以治[③]人；知所以治人，则知所以治天下国家矣。"

（《礼记·中庸》）

注释

①知：同"智"，智慧。②斯：这。③治：治理。

译文

孔子说："喜好学习接近于智，努力实践接近于仁，懂得廉耻接近于勇。明白了这三条，就知道了修身的方法；知道了修身的方法，就知道了管理人的方法；知道了管理人的方法，就知道了治理国家的方法。"

解读

孔子认为美德有三种，即智、仁、勇。懂得了智、仁、勇三种美德，并且按照这三种美德来行为处世，就是明白和学会了怎样修养自身，知道了如何治理百姓，通晓了治理国家的方法。

在理想的社会中，真理与义理各得其所。然而，中国传统文化存在着重视义理轻视真理的倾向。关于社会与自然的知识得不到相应的发展，这是造成近现代中国社会落后与科技滞后的重要原因。理性思维和实践精神得不到发展，也造成部分学者空谈心性。西方文化则存在着重视真理轻视义理的倾向。科学与哲学脱离义理，单独呈现事物的真理，使得世界变成冰冷的纯客观存在，丧失了生命色彩和灵性。同时，人的欲望膨胀导致价值扭曲，知识迅猛发展导致生活急剧变化。若丧失了义理的导向作用，人类将陷于危险之中。

原文

诚身有道[①]，不明乎善，不诚乎身矣。

诚者，天之道也。诚之者，人之道也。诚者，不勉而中[②]，不思而得，从容中道，圣人也。诚之者，择善而固执之者也。

（《礼记·中庸》）

注释

①道：方法。②中：达到，符合。

译文

使自己达到诚信有一定的方法，不明白善道，就不能做到诚信。

诚，是天道；诚，是做人之道。对于诚，不用努力就能达到，不用思考就能获得，举止行动自然而然就符合中庸之道，这是圣人的境界。做到诚的人，就是指选择善道而坚持实行它的人。

解读

这里讲了这样一个道理：首先要清楚，什么是善的事物，什么是恶的事物。如果对善的事物诚心诚意，那是好的；如果对恶的事物诚心诚意，那就大有问题了。

相传春秋时期，鲁国曲阜有个名叫尾生的年轻人。他为人诚信重诺，四里八乡的人只要提起他，就没有不称赞的。

尾生迁居梁地（今陕西韩城南）之后，因为一次机缘巧合，结识了当地的一个姑娘。姑娘年轻漂亮、举止优雅，人也十分贤淑。尾生与她一见钟情，于是两人便私订了终身，约定非卿不娶，非君不嫁。后来姑娘的父母知道了这件事，他们觉得尾生家境贫寒，配不上自己的女儿，坚决反对这门亲事。尾生和姑娘苦苦哀求，仍然无济于事。

但是姑娘也很坚定，她要追求自己的爱情和幸福。于是她主动告诉尾生，她决定背着父母和他私奔，回尾生在曲阜的老家去。打定主意之后，他们相约在城外的一座木桥边见面，然后一起远走高飞。到了黄昏时分，尾生来到了桥边等候姑娘的到来。

这时候恰好是六月份，天气说变就变，原先还晴空万里，突然间就乌云密布、狂风大作，接着是电闪雷鸣，很快便下起倾盆大雨。看到这个情况，尾生心中十分担忧，怕姑娘路上遇到危险，但又担心姑娘来到桥边找不到自己，不敢去找她。谁知过了不久就暴发了山洪，滔天的洪水很快就把桥淹没了，眼看就要没到尾生的膝盖，可他却没有躲开，因为他心中始终记挂着当初与心上人许下的誓言，即不见不散。很快水就漫了上来，巨浪滔天，为了不被水冲走，尾生紧紧地抱住了桥柱，但最后还是被淹死了。

而姑娘此时正在赶来的路上。她被父母禁锢在家中，好不容易才趁着夜晚跑了出来。此时洪水已经退了，她来到桥边，看到了抱柱而死的尾生，伤心欲绝。她抱着尾生的尸体号啕大哭，最后拥着尾生的尸体投入洪水。

虽然尾生守信，但不懂得仁、义高于信，他的死既非求仁亦非取义，故不能视为诚信的典范。

原文

博学之，审问之，慎思之，明辨之，笃[①]行之。

（《礼记·中庸》）

注释

①笃：忠实。

译文

要广泛地学习各种知识，详细地探究事物的原理，慎重地思考所学的东西，明晰地辨别是非曲直，忠实地实践自己的理想。

解读

原文是讲，在自身的修养过程中，在治学的过程中，必须坚持五条原则："博学""审问""慎思""明辨""笃行"。对于文化，既要学习，也要思考，更要实践。

现在，有许多国学机构在让孩子读经的时候，只提倡诵读经典，死记硬背经典，而将"审问""慎思""明辨""笃行"四个环节去掉，这种学习方式是严重违背传统文化的教育方法的。许多孩子背了大量的经典，却只记住经典的声音，而没有记住经典的意思。没有理解，没有思考，没有运用，这种学习方式不值得提倡。在我们的应试教育中，也常常是只有"博学"，而缺乏"审问""慎思""明辨""笃行"四个环节，让学生背记大量的知识要点去应付考试，这也是违背孔子教学之道的。

原文

诚者非自成己而已也，所以成物也。成己，仁也；成物，知[1]也。

（《礼记·中庸》）

注释

①知：通“智”。

译文

诚，并非只用以成就自己，还要用以成就万物。成就自己是仁，成就万物就是智。

解读

原文论述的是对“诚”的见解。君子把诚看作高贵的品德。诚的实现和完成包含成己和成物。成己是完成自身的修养，成物是成就万物，只有成己和成物都实现了，才能达到仁和智。

韩国现代集团创始人郑周永出生在一个贫穷的农民家庭，16岁起他就外出谋生，用双手养活自己。青少年时期的磨砺，使他不仅吃苦耐劳，而且养成了诚实守信的品格。

朝鲜战争爆发后，韩国首都从汉城搬到了釜山。战后，韩国政府决定对釜山进行大规模扩建。1953年，郑周永负责的“现代建设”公司承包了釜山洛东江大桥的建筑工程。郑周永十分重视这项工程，亲自督阵，并承诺工程一定会按时保质完成。然而，战后物价飞涨，修建大桥的各种材料的价格居高不下。如果按照此时的物价，那么工程造价将达到签约时的七倍，继续执行合同对于“现代建设”公司来讲不仅不会带来任何效益，反而会欠下巨额债务，公司也将面临破产的危险。当时，公司的许多主管向郑周永提出建议，必须与发包人交涉，取得他们的谅解，向他们要求增加建设费用，如果不行就停止施工。当时许多建筑商采用这一方式，成功地增加了建筑费用。

然而，这时候郑周永却作出了一个让所有人都意想不到的决定：率领公司按照签约时的定价，排除万难，坚持施工，最终按照当时约定的日期交工，且工程完全符合建筑要求。交工之后，郑周永的"现代建设"公司出现了巨大的亏空，但却让郑周永重信守诺的名声传遍了全国，人人都知道了郑周永的"现代建设"。不久，汉江大桥招标，这是韩国规模最大的桥梁建设工程。在这次招标中，郑周永的"现代建设"击败许多强劲的对手，夺得了第一期工程，接着又承揽了第二期和第三期工程。在这项庞大的工程中，"现代建设"获得了巨额利润，真正成为韩国建筑业的霸主。

之后，"现代建设"经过近半个世纪的发展，扩张成为一个以土木工程、汽车制造、船舶制造为主体的企业集团。对于企业成功的原因，郑周永经常说的就是："一个企业拥有良好的信誉就如同拥有无形的天价财富。"

郑周永不仅以诚信成就自己的品格，还以诚信成就了辉煌的事业。

原文

故君子尊德性而道问学，致广大而尽精微，极[①]高明而道中庸。

（《礼记·中庸》）

注释

①极：至，到达。

译文

君子尊崇道德本性，又认真求教和学习；既进入宽广博大的境界，又深入精微细妙之处；达到高超与睿智的境界，又能遵循不偏不倚的中庸之道。

解读

君子“尊德性”，即发扬自己先天具备的善性，注重自身德性的修养。“道问学”即不断地学习、思考和实践。充实自己的学问，使自己知识渊博而又能深入精微细妙之处，使心量广大而又能注重细节。在现实中，许多人只注重知识学习，而不注重品德修养，故无法成为君子。

此处倡导的中庸之道，其中“庸”字可以有两种解释。

一是将庸解作平常、平凡、平易可行、普遍适用。何晏《论语集解》曰：“庸，常也。”也就是说，庸是平常的意思。中庸之道即中正平常之道，是人人不可缺少、人人必须遵守、人人可以做到的平常之理，绝非高不可攀、深不可测之理，也非怪异、险僻、神秘之事，更非求奇猎险的怪僻之行。

二是将庸字解作运用。《说文解字》曰："庸，用也。""庸"就是运用的意思。中庸之道，也就是中正之道的灵活发挥与具体运用。

原文

今天下车同轨①，书同文②，行同伦③。虽有其位，苟无其德，不敢作礼乐焉。虽有其德，苟无其位，亦不敢作礼乐焉。

（《礼记·中庸》）

注释

①同轨：车辙间距等宽。②同文：文字相同。③同伦：伦理规范相同。

译文

现在天下车辙的间距都是一样的宽度，书写的都是一样的字体，行为都遵循一样的准则。虽然在那个位置上，却没有相应的德行，是不敢制作礼乐的；虽然有那个德行，却不在相应的位置上，也不敢制作礼乐啊！

解读

原文中讲制礼作乐必须有两个条件：一是制作者必须有大德，二是制作者必须有大位。无德者制作礼乐，礼乐即无道德内涵；无位者制作礼乐，礼乐即难以推行。

中国古代设置礼部，用以推行礼乐教化，形成国民礼仪教养。一个人如果只学习知识，而没有接受礼乐教化，他就只有知识而没有文化教养。韩愈在《原道》说："孔子之作《春秋》也，诸侯用夷礼则夷之，进于中国则中国之。"有些诸侯国被蛮风夷俗所化，丧失了华夏民族的特征，成为

“夷”。而有些夷狄之邦接受华夏礼乐文化，即成为华夏民族的成员。礼乐文化首先出现于中原大地，并向四方辐射。“东夷”“西戎”“北狄”“南蛮”纷纷进入华夏文明之怀抱，从而形成中华民族。

原文

万物并育[①]而不相害，道并行而不相悖[②]，小德川流，大德敦[③]化。

（《礼记·中庸》）

注释

①并育：竞相生长。②悖（bèi）：违背。③敦（dūn）：敦厚。

译文

万物同时生长，不相妨害；各种道并存，彼此不相违背。小的德行，川流不息；大的德行，敦厚化育。

解读

人类世界极其复杂多变，不同的思想反映了事物不同的方面，因而不同的思想可以同时并存。我们要鼓励创新，鼓励提出新的思想，创造“百花齐放，百家争鸣”的局面。

在《韩非子·内储说上·七术》上记载了这样一个故事：鲁哀公在做每一件事情之前，都会广泛征求群臣的意见，然而国事并没有因此更加清明，反而越发混乱，这让他觉得十分奇怪。

孔子就告诉他，作为一个英明的君主，在询问群臣意见的时候，要让所有人都能说出心里的话，发表不同的意见，这样才能达到集思广益的目的。然而如今鲁国的朝政完全被季孙氏把持，群臣说的话全是季孙氏的意见。这样的话，即便是将鲁国境内的所有人都问个遍，也不可能收集到真正的民意，因为大王并没有让他们说出自己心中的话。如此一来，看似征求了群臣的意见，然而实际上却并不是这样的。

要接纳各种意见，倾听各种声音，让各种思想并存，才能做到集思广益。

原文

故君子之接[1]如水，小人之接如醴[2]。君子淡以成，小人甘以坏。

（《礼记·表记》）

注释

①接：交往。②醴（lǐ）：甜酒。

译文

君子的交往像水一样平淡，小人的交往像酒一样甘甜。君子之交平淡却能成事，小人之交甘甜却会坏事。

解读

与君子交往，诚信为本。交往时并不贪求或索要什么，彼此却能够相辅相成。与小人交往，其更看重的是利益。当有利可图时，彼此的关系会暂时亲密无间；当没有利益可以获得时，彼此的关系就随即破裂了。因此，择良友而交尤为重要，遇良友也应当真诚以待。

原文

唯君子能好其正①，小人毒②其正。

（《礼记·缁衣》）

注释

①正：正直，公正。②毒：憎恶，憎恨。

译文

只有君子才能喜好、支持正直的人，而小人则完全相反，他们憎恶正直的人。

解读

“物以类聚，人以群分。”君子和小人各有不同的好恶。君子爱好正直的德性，小人则与之相反，讨厌正直的德性。

冯梦龙《智囊·知微》中记载了这样一个故事：有一个叫作尤翁的商人，是当时京城有名的大户。他有一个当铺，规模非常大。

有一天，尤翁正在当铺里休息，忽然听到一阵吵闹的声音，他十分好奇，想要看看是怎么回事。尤翁出去一看，原来是自己店里的伙计和一位邻居发生了争吵。他赶忙将伙计叫过来，问道：“这是怎么回事？”伙计余怒未消地说道：“这个人太不讲道理了，他先是将自己的衣服当了钱，可是今天他身上并没有钱却想要取衣服。您说，这个人是不是太无理取闹了？哪有这样的道理啊，没钱却要赎回自己的东西？如果人人都这样，当铺还怎么开下去啊？”

尤翁了解了事情的经过，把那个邻居拉到一旁，柔声细语地对他说："老兄啊，我明白你的意思，不就是为了过年吗？这点小事，何必搞得这么紧张呢？"说完，尤翁便吩咐伙计去屋里找出这个人曾经当过的四五件衣服，他指着其中一件棉衣说道："这件棉衣嘛，是冬天御寒不可缺少的，你拿回去穿吧。"接着，他又指着一件道袍说道："这件呢，过年的时候你还可以送给亲戚朋友，当然也是用得着的，所以你也拿回去吧。至于剩下的，你应该不急，那就先放在当铺，到过了年，你手头不紧张了再来取好不好？"

看到尤翁的举动，那位本来十分生气的邻居默不作声地接过了衣服，没有说什么就走了。

谁知当天夜里，那位邻居竟然死在了另一户人家中。邻居的家人同那户人家连续打了很多年的官司。几年之后，这件事情才终于真相大白。原来这个邻居在生前欠了许多债，却无力偿还。无奈之下便想出一招，自己事先服下毒药再去商铺讹诈，来获取利益。

此人首先想到了富有的尤翁。由于尤翁的忍让与谅解，这位邻居只能拿着衣服默默地走了，寻找下一个对象。

人们得知真相之后十分震惊，认为尤翁真是未卜先知，躲过了麻烦。尤翁却摇摇头说："我怎么会事先知道他要敲诈我呢？不过，就我的经验来看，凡是无理取闹的，便一定有所倚仗。如果我们小事不能忍，就要遭受大祸了。"大家听了之后，赞叹道："尤翁真是有平常人没有的见识和气度啊！"

原文

子曰："言从[①]而行之，则言不可饰也；行从而言之，则行不可饰也。故君子寡[②]言而行以成其信，则民不得大其美而小其恶。"

（《礼记·缁衣》）

注释

①从：顺从，按照。②寡：少。

译文

孔子说："君子说了，必定会按照所说的去实行，那么说出的话就不能夸饰；君子做事，必定会顺着这事去说，那么做出的事就不能夸饰。所以君子不多说话，而是用行动来成就自己的诚信，而民众就不能夸大他的优点而缩小他的缺点。"

解读

原文是孔子对君子言行的描述。君子言而有信，说到做到，他们恪守着这样的行为规范。

孙诒让的《墨子间诂·墨子后语》记载过这样一次对话：

子禽问他的老师墨子："老师，多说话到底有什么好处？"

墨子答道："青蛙、苍蝇整日整夜地叫，虽然自己口干舌燥，却从没有人去理会它们。但是雄鸡只在天亮时啼两三次，大家却很留意，知道天快要亮了。所以说，要讲究说话的时机。"

大智若愚，那些看起来言语迟缓的人，却可能是真正有智慧、会说话的人。说有用之语，不讲无用之言；说适宜之语，不讲不宜之言。

原文

此孝子之志也，人情之实也，礼义之经也。非从天降也，非从地出也，人情[1]而已矣。

（《礼记·问丧》）

注释

①情：真实情感，自然情感。

译文

这是孝子的心愿，是人情的现实，是礼与义的基本原则。不是从天而降的，也不是从地下冒出来的，只是人的真实情感的表达而已。

解读

原文讲的是，孝子在服丧期间用丧杖支撑由于亲人离去经常哭泣导致虚弱多病的身体。但是如果父亲还在，就不能为母亲拄丧杖了，不能在尊者面前表现出病态和衰弱的样子，在堂上不能走得很快，应表现得从容不迫。

晋国大夫智悼子（荀盈）死后，还没有入葬。这时，晋平公就在宫殿内大摆宴席，开怀畅饮。他还命乐师师旷、近臣李调陪饮，又鼓钟助兴，玩得不亦乐乎。

宰夫杜蒉听说此事之后，走进寝殿，斟酒命师旷喝下，又斟酒命李调喝下，然后自饮一杯，便要离开。看到杜蒉这样做，晋平公有些奇怪，问道："你为什么这样做啊？"杜蒉回答道："纣王死于甲子日，夏桀流放于乙卯日，后来的君王就把甲子、乙卯作为忌日，不敢奏乐。此时，晋国大臣智悼子的灵柩尚停在堂上，重视程度远比甲子、乙卯之日大。师旷身为晋国乐师，居然没有提醒国君，所以，我让他喝罚酒。李调是国君的近臣，不该忘记国君的过错，所以也要喝罚酒。”

晋平公接着问道：“可你自己也喝了罚酒，这又为何?”杜蒉说：“我不过是执掌膳食的宰夫，却超越职权，过问起国君的过失，所以也要受罚。”

晋平公有些惭愧了，对身边的人说：“将来我死后，一定不要丢掉这个酒杯，要永远记住杜蒉的劝诫。”后来，人们将宴会的最后一次献酒叫作“杜举”。

礼起自人情，如果缺失人情，则礼就变成形式。杜蒉此举，就是出于哀悼死者的人情。

原文

儒有不宝①金玉，而忠信以为宝。

（《礼记·儒行》）

注释

①宝：宝物，宝贝，这里指把……当作宝物。

译文

儒者不把金玉当成宝，而把忠诚与信用当成宝。

解读

原文论述的是儒者把忠信视为宝物。忠信乃是每个人的为人之本。讲忠信，行为和言语没有欺骗，那么在人与人交往的时候，彼此信任，沟通与合作将进行得更加愉快，人与人之间也将更加和睦，整个社会也将更加安定和团结。

康德是德国著名的哲学家，他在朋友中以守时著称。1779年，他给住在珀芬小镇附近的朋友彼特斯写了一封信，告知他3月2日上午11点到他家拜访，让彼特斯在家中等他。3月1日，康德就到达了珀芬小镇，而彼特斯的家在离珀芬小镇12英里远的一个农场里。他在镇上稍作休息，第二天早上，便早早地租了马车往彼特斯的家中驶去。

途中要经过一条河，马车来到河边的时候却停下了。康德下车一看，桥的中部断开了，马车没办法驶过去。河面虽然窄，但却很深，水流也很急。康德看了看表，已经10点了，便问马夫："这附近还有桥吗?"马夫回答："在6英里远的地方有一座。"他有些焦虑，说："现在10点，如果绕道走另一边，我们什么时候能到达彼特斯家?”马夫想了想，说：“我估计大概 12 点半吧。”康德四周看看，问：“如果是从面前这座桥呢?”马夫回答：“半个钟头就能到了!”于是康德跑到了河边的一座农舍前，找到主人问：“我想买您的小屋，您愿意多少钱卖给我呢?”农夫回答：“200 法郎!”康德掏出钱付给农夫，并指着那座桥对他说：“小屋上有几根长木板，如果您能在 20 分钟内将这些木板拆下来，然后将那座桥修好，我就将小屋送给您!”农夫马上叫来两个儿子，拆了木板以后将桥修好了。

康德便让马夫驾着车过了桥，飞快地向彼特斯的家驶去。到达目的地的时候，康德从车上下来，看了看表，刚好 10 点 50 分，而彼特斯正在门口迎接他。看到康德准时到达，彼特斯十分高兴：“你还是这么准时，我亲爱的朋友!”

守时就是重要的一种诚信。康德如此重视诚信，认为诚信的价值远远高于金钱。

原文

儒有可亲而不可劫也，可近而不可迫也，可杀而不可辱①也。

（《礼记·儒行》）

注释

①辱：侮辱，凌辱。

译文

儒者可以亲近而不可威胁，可以接近而不可逼迫，可以杀害而不可侮辱。

解读

原文表明了儒者立身处世的态度。人们可以友善地亲近儒者，但不可以威胁、强迫他们；可以杀死他们，但不可以侮辱、凌辱他们。这就是儒者刚毅的品格，他们有气节地活着，不会苟且偷生，为了保住气节甚至能舍命牺牲。这样刚毅的品格浸透到了儒者的骨子里，他们外表温文尔雅，内在刚强不屈。

左光斗是安庆府桐城（今属安徽）人，字遗直，是明万历年间的进士，天启元年（1621 年）被任命为左佥都御史。他曾同杨涟一起弹劾魏忠贤，后来二人同时被诬陷入狱，在狱中受尽酷刑而死。

当时，左光斗惨受炮烙之刑。他的学生史可法听到这一消息之后，决定在恩师未死之前设法前来监狱探望。于是，他筹集五十金交给狱卒，并向狱卒苦苦哀求，请求能见恩师一面。史可法的诚心感动了狱卒，获准探望。

这天，史可法按照狱卒的吩咐，换上破衣草鞋，背着箩筐，拿着长铲，假扮成打扫垃圾的人混进了监狱。进去之后，史可法看到老师左光斗正靠墙坐着，面额早已焦烂不堪，右膝下面的筋骨也脱落了，连样貌都几乎辨别不出。史可法十分难过，上前跪下，抱着老师痛哭失声。

左光斗从哭声中听出是史可法，立刻怒气冲冲地说："你怎么这么糊涂！这种地方是你该来的吗？如今国家之事已经糜烂成这个样子，你应该关心的是国家啊！我已经老了，又何须在乎生死？可你不一样，天下还有需要你去完成的大事。你还不赶紧走！若是你因此而被奸人陷害，还不如我现在就杀了你！"

说着，左光斗就从地上摸索刑械之物，作出投击的动作。史可法不敢出声，连忙退了出去。后来回忆此事，史可法常常流着泪对人说："我老师的肺肝都是铁石铸造而成的啊！"

宁死不屈的左光斗在生死关头所想到的并不是自己，而是他的得意门生史可法，担心他会因为前来狱中探望自己而被魏阉构陷，如此一来，国家必定又要失去栋梁之才，所以才厉声斥责他，让他快走。

左光斗、史可法看重荣誉和气节，他们有守道的决心和勇气。在威胁、逼迫、侮辱面前，左光斗没有退缩，表现出了一个儒者的气节。

原文

古之欲明明德于天下者先治其国，欲治其国者先齐其家[1]，欲齐其家者先修其身[2]，欲修其身者先正其心，欲正其心者先诚其意，欲诚其意者先致其知[3]，致知在格物[4]。

（《礼记·大学》）

注释

①齐其家：将自己的家庭或家族的事业安排和管理得有条不紊，使家业兴旺。②修其身：锻造、修炼自身的品格。③致其知：让自己获得知识。④格物：探究世间事物之理。

译文

古代那些想要在天下弘扬光明正大品德的人，必定先治理好自己的国家；要想治理好自己的国家，必定先管理好自己的家庭和家族；要想管理好自己的家庭和家族，必定先修养自身的品性；要想修养自身的品性，必定先端正自己的心念；要想端正自己的心念，必定先使自己的意念真诚；要想意念真诚，必定先获得知识；要获得知识，必定先探究事物之理。

解读

原文提出了实现天下太平的八大步骤，即格物、致知、诚意、正心、修身、齐家、治国、平天下。这些步骤中，修身是最为关键的一步。这是因为我们只有做好了人，才能做好事、立好业。一个人意念真诚，端正自己的内心，修养好自己的品德，增长自己的知识，就能管理好自己的家庭，治理好国家，最终天下太平。而恪守诚信是修身的重要内容之一。

亚伯拉罕·林肯是美国历史上最有作为的总统之一，他在任期间，废除南方各州的奴隶制度，使广大黑人奴隶得到了解放，并颁布了《宅地法》，得到了美国公众的肯定。

林肯说话办事诚实守信，公众称他为“诚实的老亚伯”。他的诚信是从小养成的。林肯出生在一个贫穷的家庭，他的童年用他自己的话说，就是“一部贫穷的简明编年史”。

自幼年始，林肯就没怎么正式上过学，经常是一边工作一边学习。虽然生活贫苦，但他始终将诚实守信作为自己的人生信条。长大之后，他独自一人外出谋生。为了养活自己，他从事过许多职业：打短工、当水手、在商店做店员等。无论做什么工作，他都严格要求自己，认真对待，并一直奉行诚信的人生信条。在他做店员的时候，有一次一位顾客结账时多付了几美分。林肯发现之后，急忙追出店外，准备把多付的这几美分钱还给顾客，但顾客已经走远了。林肯追了很长一段路，终于把钱还到顾客手中。同样的事情发生过许多次。另外一次是一位顾客来店里买茶叶，店员因为粗心而没给够分量。林肯知道了，急忙拿起茶叶，跑了几条街，将茶叶补给顾客。

林肯之所以成为治国之才，首先做到了诚意、正心、修身是重要原因。

原文

自天子以至于庶人[1]，壹是[2]皆以修身为本。

（《礼记·大学》）

注释

①庶（shù）人：平民，百姓。②壹（yī）是：全部，一律。

译文

上自天子，下至平民，一律要以修身为做人处世的根本。

解读

原文强调了修养自身品德的重要性。有了相当的品德修养这个基础，才能成就正当的事业。

宋徽宗赵佶，幼时就极为聪明，长大之后更是多才多艺，琴棋书画无一不精，尤其在绘画方面有很高的造诣。其画重写生，因其精工逼真而为人所称道。

据说他曾用生漆为鸟画眼睛，十分生动。他流传下来的画有《芙蓉锦鸡图》《池塘秋晚图》《四禽图》《雪江归棹图》等，他的书法字体被称为“瘦金体”。赵佶为人玩世不恭，且醉心于享乐，堪比南唐后主李煜。时人甚至称其“文采风流，过李主百倍”。但他却毫不关心国家大事。这样一个人，若是专心于书画自然会有极高的成就，可却阴差阳错地当上了皇帝。赵佶原本是神宗的第十一个儿子，按理说皇位是无论如何也轮不到他的，只因神宗死后，继位的哲宗不久也因病去世。由于哲宗没有儿子，大臣们商议后决定从哲宗的兄弟中选出一个人来继位，于是他就想尽了各种办法来争取。他十分聪明，而且懂得讨好母亲，他的母亲因此称赞他“仁孝”。当时他的母亲是垂帘听政的皇太后，于是便主张“端王当立”，而端王正是赵佶当亲王时的封号。尽管大臣章惇曾以“端王轻佻，不可以君天下”为由反对这个提议，但因为太后的坚持，赵佶最终还是登上了皇位。

赵佶在位之时任用蔡京、童贯等奸佞小人主持朝政，自己则沉溺于享乐，大兴土木，增派苛捐杂税。例如，搜刮江南之奇花怪石，名曰“花石纲”。在赵佶治下，民不聊生，怨声载道，以至于百姓纷纷举起起义大旗。

靖康二年（1127 年），金兵南下，宋徽宗与宋钦宗一起被俘，最后惨死在五国城（今黑龙江依兰）。

宋徽宗可以做画家，也可以做书法家，但无居大位之德与才，最终落得个身死国灭的下场。

原文

曾子曰："十目所视，十手所指，其严[1]乎！"富润屋[2]，德润身[3]，心广体胖[4]，故君子必诚其意。

（《礼记·大学》）

注释

①严：严厉。②润屋：装饰住所。③润身：修炼自己。④心广体胖（pán）：心胸宽广，身体舒适。胖，与"盘"同音，舒适的意思。

译文

曾子说："十只眼睛看着，十只手指着，这多么严厉啊！"财富可以装饰房屋，品德却可以修养身心，心胸宽广则身体舒泰。所以品德高尚的人一定要使自己的意念真诚。

解读

原文论述的是君子道德修养中重要的"慎独"品格。君子在独处的时候，在人所不知己所独知的情况下，要小心谨慎，真诚行善，不做邪恶之事。

君子重"慎独"，对于企业管理也是有启发的。

海尔集团在20世纪80年代只是一个拥有六百名员工的小厂，且早已资不抵债，濒临破产。1985年，海尔公司决定从德国引进世界一流的冰箱生产线，这才为企业挽回了一线生机。但好景不长，一年之后，有部分用户反映海尔冰箱存在质量问题。海尔集团负责人派出专人解决这一问题，并为用户更换产品。之后，他们对库存冰箱进行了一次全面的检查，发现库存七十多台冰箱在制冷方面虽不存在问题，但冰箱表面都有不同程度的划痕。

当时担任厂长的是张瑞敏，他得知这一情况之后，当机立断，当着六百名职工的面，毅然用一把大锤砸向冰箱，又让责任者亲手砸毁全部不合格冰箱。在场的职工都对他的行为表示不解，议论纷纷，他的回答是："有缺陷的产品就是不合格的产品!"

这件事情在当时引起了极大的反响。从此事开始，海尔集团确立了自己"真诚到永远"的企业理念，凭借过硬的技术、较高的质量、可靠的保障，渐渐由弱变强，得到了全世界的肯定。之后的十八年间，海尔集团一直保持着约78%的增长率，其产品出口到世界一百六十多个国家和地区，甚至在意大利和美国等国家办起了自己的工厂。

张瑞敏认为：企业想保持发展，不被淘汰、不被其他公司取代，首要的就是得到社会的肯定、得到用户的认可。只有企业对用户真诚到永远，才有用户和社会对企业的回报，这是企业向前发展的必要条件。

企业必须"慎独"，严于律己，如果有不诚信的行为，早晚会被曝光，这样必然导致事业的失败。

原文

苟[①]日新，日日新，又日新。

（《礼记·大学》）

注释

①苟：如果。

译文

如果某天能除旧更新，就要天天除旧更新，不间断地更新又更新。

解读

原文是商朝的开国君主成汤刻在洗澡盆上用来警戒自己的箴言。在洗澡时，想到今天身上的污垢洗干净了，以后每天都坚持这样做，那么天天身上都是干净的。涤荡自己的精神，修炼自己的品德，改造自己的思想，就如同洗澡一样，每天都坚持做，那么天天都有收获，都有进步。

同时，“苟日新，日日新，又日新”强调创新精神，这对企业是有很大启发的。

日本索尼公司创始人盛田昭夫说：“想要自己开发、发展出一条路，就不应该采取跟别人一样的想法和行为。”这是他的经验之谈。

企鹅图书公司的创始人艾伦·莱恩在年轻时就继承了伯父的事业，出任出版社的董事。但在当时，出版社的处境已是举步维艰，莱恩要思考如何使之走出困境。

当他在书摊上调查时，发现大部分是价格昂贵的精装书，一般消费者根本买不起。莱恩便突发灵感：“要想赚大钱，出版价格低廉的平装书是个好办法。”

莱恩开始出版廉价图书。1935 年 7 月，第一批十卷本“企鹅丛书”正式问世。他以购买再版图书重印权的方式出版图书，相比精装本规格也缩小了，从而节省了纸张成本，这样就把每本书的定价压到了六便士。“企鹅丛书”拥有一个惹人喜爱的丛书标志物，那是一只翘首站立的小企鹅。

在不到半年的时间里，这套书就销售了十万册。1936 年元月，出版社改名为企鹅图书公司。后来，企鹅图书公司成为全球规模最大、效益最好的平装书出版社之一，莱恩获得了极大的成功。

莱恩善于突破现状，大胆创新，才取得了巨大的成就。

原文

为人子止于①孝，为人父止于慈。

（《礼记·大学》）

注释

①止于：做到，达到。

译文

身为子女，应做到孝顺父母；身为父母，应做到爱护子女。

解读

父母对子女的恩德大于天，作为子女就需要诚心地尽孝道，这是天经地义的道理，也是人伦道德最基本的内容。父母要用仁慈之心、仁爱之心来关怀和教育子女，身教重于言教，以身示范，遵守道德，严于律己，宽以待人。父与子不是单方面的关系，而是互尽义务的关系。父母对子女的义务是慈爱，承担抚养子女、教育子女的责任；子女对父母的义务是孝敬，承担赡养父母长辈的责任，包括对生父母、继父母、养父母、祖父母、外祖父母都有赡养的责任，既有物质赡养的责任，也有精神赡养的责任。父母对子女的慈爱，子女对父母的孝敬，二者常常是相互促进的。后世所谓“君令臣死，不得不死；父令子亡，不得不亡”之类带有专制色彩的说教，是违背父慈子孝之道的。父母轻易离婚，对子女来说，也是一种不慈的行为。儿童心理学家李·索克曾经说过：“对于孩子来说，父母离婚带来的创伤仅次于死亡。”许多子女也没有尽到赡养老人的责任。

1931 年 6 月，李先念被任命为鄂豫边区陂安南县苏维埃政府第一任主席，10 月率领 300 多名青年参加了红军。在部队将要远行的时候，李先念想起了自己在家的父母。他原想回去看一眼父母，但是时间已经来不及了。于是他叫来通讯员，托他给自己的父母捎个口信，告诉他们自己就要远行了，请他们保重身体。同时，把县委书记给自己留的那碗肉汤送到他们手中。

李母在得知儿子参加红军且要远行的消息，心中十分担忧，顾不得通讯员的阻拦，非要亲自去送自己的儿子。当她匆忙赶到庙咀湾的时候，李先念早已带着部队出发了。李母只得站在山坡上，远远望着部队离去的背影，一直不愿离开。

自从儿子离开以后，无论是红军的行踪，还是战斗的胜败，抑或是儿子的安危，都没有一刻不牵动李母的心。

1932 年 8 月的一天，李母听人说自己的儿子带着红军打回来了，此时正在冯受二地区与敌作战。得知这个消息，她立刻将家里仅有的两块银元揣在身上，匆匆忙忙赶到战场寻找儿子。

此时的李先念正在硝烟弥漫的战场上，转头却看到了母亲从硝烟中向自己走来。担心母亲受伤的李先念又急又气，大声吼道：“娘，您怎么能来这里呢？快点回去，万一伤到您了怎么办？”

李母看着两眼发红、灰头土脸的儿子，十分心疼。她走上前轻轻地把儿子身上的土拍掉，然后从口袋中掏出那两块银元，偷偷塞到儿子的口袋里，转身离开了。

由于军令在身，战斗结束后，李先念顾不得与母亲话别，就带着部队转移了。途中，李先念发觉自己的口袋里似乎有什么东西，掏出来一看原来是两块银元。他知道是母亲放的，慈母之情令他不由潸然泪下。让李先念想不到的是，这次与母亲一别竟成了永别。“子欲养而亲不待”，是为人子极大的遗憾和伤痛。

原文

有德此[1]有人，有人此有土，有土此有财，有财此有用。德者本也，财者末也。

（《礼记·大学》）

注释

①此：犹“乃”“则”。

译文

有了道德，这才有人民；有了人民，这才有土地；有了土地，这才有财富；有了财富，这才有用度。道德是根本，财物是枝末。

解读

原文阐述的是儒家的人生观和政治观。君子首先要考虑的是德行，德行是根本，财富是末端。如果本末倒置，人们之间就会有争斗，在争夺利益的过程中，产生种种祸端。如果君王横征暴敛，百姓就会背离这样的君王；如果君王德行高尚，百姓就会聚集在这样的君王身边。

原文

是故言悖[①]而出者亦悖而入，货悖而入者亦悖而出。

（《礼记·大学》）

注释

①悖：违背。

译文

所以，以违背情理的言语去责备别人，别人也将以违背情理的言语回敬；用违背道义的手段聚敛来的财富，最终也会被别人以违背道义的手段掠夺而去。

解读

以欺诈的方式获取财富，这种财富最终也会以不正常的方式丧失。所谓欺诈，是指故意告知对方虚假情况，或者故意隐瞒真实情况，诱使对方基于错误判断作出错误的意思表示。构成欺诈有几个要素：欺诈方的欺诈故意、欺诈行为，受欺诈方的错误意思表示，以及欺诈方的欺诈行为与受欺诈方的错误意思表示有因果关系。

司马光是北宋著名的史学家。他有一匹高头大马，后来因为忙着编书，用不到了，就吩咐管家将马牵到集市上卖了。管家牵着马来到集市，正好碰到有一位老者想买，但他嫌管家开出的五十缗钱价格太高了。管家说："这可是我们司马相公的坐骑，要不是他现在忙着编书用不着了，怎会舍得让我五十缗就卖了？"老者一听，十分诚恳地说："原来竟是司马相公的好马，能买到它是我的荣幸。那就这个价吧，明天我带着钱来牵马!”

管家回府后，向司马光报告了这件事情。司马光听了之后，先是自言自语：“这马跟了我六年，就这样卖了，还真舍不得……对了，这马有毛病，你跟那位老先生说了吗?”管家说：“这马是有毛病，但是长得膘肥体壮，毛色也很好，谁能看得出来呢? 万一说了，可就卖不了五十缗了!”司马光严肃地说：“这怎么行呢! 你明天一定要跟买主说清楚，然后重新议价。我看就卖三十缗吧!”管家只得答应。

第二天，老者来牵马，管家将司马光的话原原本本地告诉他，并一再强调，司马相公特地关照过，不能让买主吃亏上当。集市上的人听说了这件事，都称颂司马光为人诚实。

司马光编修史书，明兴亡之道，自然知道以不义的手段而获得的钱财，最后也会以非常的方式丧失。

在市场经济中，生产者和销售者的目的是获取利润。如果法治不健全、道德约束力不强，欺诈的现象就会广泛存在。正如亚里士多德所说的那样：“人如果没有美德，就成了动物中最邪恶、最残暴，色欲和食欲也最大的动物。”

原文

仁者以财发身[①]，不仁者以身发财。

（《礼记·大学》）

注释

①发身：发展自身。

译文

有仁德的人用财物使自身发展，缺乏仁德的人用自身作为工具发财。

解读

增加财富是有方法、有规律可以遵循的。有德行而且有仁爱之心的人分散财富给人民，赢得了民心；没有仁德的人横征暴敛，不得民心，灾祸就不远了。所谓“舍得舍得，有舍有得，大舍大得，不舍不得”。治理国家也是一样的道理，不应以自己的私利，而应以道义为重，这样国家才能长治久安。

同样，商人重义，才可长存。在历史上，有许多巨商十分重视“仁”“义”两个字。比如说云南的巨商王炽，就是历史有名的“义”商。

1883 年，清王朝正处于援越抗法的时期，因为开销很大，国库吃紧。云南边境有上万人的军队没有粮饷，无法作战。就在这个紧要关头，王炽挺身而出，借六十万两银子资给朝廷用作军费，解了燃眉之急。战事结束后，王炽得到了朝廷的褒奖。

王炽重仁重义，时常做有利于百姓的善事。在四川泸州的时候，因为江上木桥被水冲塌，交通不便，来往的商人只能依靠木船运输货物。这种方式不仅费时费力，而且十分危险。王炽知道后，便出钱修建了一座跨江铁索桥，彻底解决了泸州交通不便的难题。朝廷为了奖励王炽，赏赐给他“三代一品”封典，他的母亲也被封为一品夫人。

王炽是个仁者，他是以财物作为自身发展的工具，而不是将自身作为发财的工具。

原文

国不以利为利，以义①为利也。

（《礼记·大学》）

注释

①义：道义。

译文

国家不应当将私利作为利益，而应当将道义作为利益。

解读

孟献子说：“有着驷马车辆的人家，就不应该计较养鸡养猪的小利；办丧事时能够用冰来保存尸体的人家，就不应该计较养牛养羊之利；有着百辆车的君王，就不应该任用一心聚敛财富的官员。”治理国家不应该计较自己的私利，应当把道义作为利益之本，放在首位。

每个人的生活都离不开利益。如果抛弃正当的利益而奢谈正义，那么这种正义必然是空疏不实的；如果打着正义的旗号去抹杀正当的利益，剥夺人的生存权利，这就落入“以理杀人”的境地。所以，面对利益，孔子既不主张一概排斥，也不主张无原则地获取，而是主张以义为标准来决定取舍。一利当前，先要想一想是否合乎义。如果合乎义，就取之；如果不合乎义，就舍之。

对不正当的利益，孔子主张远离之：“不义而富且贵，于我如浮云。”获取不正当的利益，必然给自己或别人带来灾难。“无欲速，无见小利。欲速，则不达；见小利，则大事不成。”

因小利而忘记大义，是难以取得辉煌业绩的。

以义制利，就是既不否定利，也不否定义，而是用道义来规范、引导、制约逐利的行为，从而达到义利合一的状态。有利益，就要分配利益，而分配就需要按正义的法则进行。有利益，就会产生争夺与混乱，要制止争夺与混乱，协调利益关系，就需要运用正义的法则。

如果一个人、一个民族、一个国家，纯粹把利益作为追求的目标，就会陷入与竞争方的功利冲突和争斗中，结果是两败俱伤，利益也最终会离人而去。老子深刻地认识到这一点，他说：“非以其无私邪？故能成其私。”

原文

礼义之始，在于正容体①，齐颜色②，顺辞令③。

（《礼记·冠义》）

注释

①容体：举止，举动。②颜色：面容，脸色。③辞令：言语，言谈。

译文

礼义的开始，在于端正姿容体态，整饬面部表情，理顺言谈辞令。

解读

原文说的是行礼义的基本条件：容貌端庄，举止得体，言谈恭顺。古代隆重的冠礼是在贵族男子年满二十岁时举行的，它的意义在于表明该男子已经成人，可以享受成年人应该享受的权利，也要履行成年人应该履行的义务。

《张苍水集·附录》中记载：康熙三年（1664年）七月，明末抗清将领张煌言（号苍水）不幸被捕。他身着明朝的服装，神态自若，义正词严地拒绝了清军对他的诱降。

八月，清军将他从家乡宁波押送到杭州，在路上站满了闻讯而来送行的百姓。他们感到十分伤心，失声痛哭。张煌言面色如常，举止从容，向父老乡亲拱手致意。张煌言到了杭州，清廷对他用尽诱降的手段，但张煌言都不为所动。

最终清廷无可奈何，对他处以死刑。九月七日，张煌言被押到刑场，他神态安然，慷慨就义，临刑前赋《绝命诗》一首：

“我年适九五，偏逢九月七。大厦已不支，成仁万事毕。”时年四十五岁。

张煌言在残暴的敌人面前，仍保持仪静体闲的气质，体现了大无畏的民族气节，令人敬仰！

原文

成人之者，将责[①]成人礼焉也。责成人礼焉者，将责为人子、为人弟、为人臣、为人少者之礼行焉。

（《礼记·冠义》）

注释

①责：要求。

译文

成为成年人，就要求举行成人礼。举行成人礼，就是将作为儿子、弟弟、臣下、晚辈的责任通过礼仪的形式明确下来。

解读

原文讲的是对举行了冠礼之后的成人的做人要求。行冠礼之后，人们的服饰才得以完备，服饰完备之后，人们举止得体，态度端庄，言谈恭顺。行了冠礼之后，意味着肩膀上的责任明确了。

冠礼一般应在孔庙、祠堂、书院进行。主人选择一位德高望重的人担任加冠的正宾。冠礼使用三种冠：缁布冠、皮弁、爵弁。缁布冠是黑麻布制作的冠；皮弁用白色的鹿皮缝制而成；爵弁用很细的葛皮或丝帛拼制而成，颜色红中带黑。加冠之前，先由赞冠者为冠者梳头，再用帛将头发包好。三种冠分放在三个竹器中，由三位有司捧着。正宾依次将三种冠加于冠者之首。《礼记·冠义》说："三加弥尊，加有成也。"缁布冠最卑，皮弁次之，爵弁最尊，依此顺序，表明冠者的品德、能力、人格不断成长。每次加冠之时，正宾都要致以简短祝辞，冠者都要应答。每次加冠之后，冠者都要进房换上相应的服装，然后出来向来宾展示。在冠礼上，由正宾为冠者取一个表字。《礼记·冠义》说："礼义之始，在于正容体，齐颜色，顺辞令。容体正，颜色齐，辞令顺，而后礼义备，以正君臣，亲父子，和长幼。君臣正，父子亲，长幼和，而后礼义立。"冠礼完毕，冠者要拜见尊长。

男子有冠礼，女子则有笄礼。笄（jī）即簪子。

原文

昏礼[1]者，将合二姓之好，上以事宗庙，而下以继后世也，故君子重之。

（《礼记·昏义》）

注释

①昏礼：即婚礼。郑玄说，娶妻之礼，以昏为期，故名焉。

译文

婚礼，就是使两个不同姓氏的家族交好，既能事奉祖宗家庙，又能延续家族香火，所以君子把婚姻当作大事。

解读

原文阐述的是婚礼的意义，强调了婚礼的重要性。君子重视婚礼，因其上可以事奉祖先家庙，下可以延续家庭香火。因此，从古至今，婚姻就被人们视为终身大事，需要郑重其事地加以对待。娶妻要经过纳采（后世称为“提亲”）、问名、纳吉（男家得知女子姓氏后占卜，若得到吉兆则派使者到女家通报）、纳征（相当于后世的送聘礼）、请期（男家通过占卜选定婚期并派使者到女家请求确定婚期）、亲迎（迎亲）等六个主要仪节，称为“六礼”。

原文

是故妇顺备[①]而后内和理[②]，内和理而后家可长久也。故圣王重之。

（《礼记·昏义》）

注释

①妇顺备：郑玄注："妇顺备者，行和当，事成审也。"即做到这几点，"顺德"才算是"备"。②和理：和谐顺从。

译文

因此媳妇顺德完备，然后家内关系才会和谐。家内关系和谐，家庭才会长久。所以圣王重视妇女的顺德完备。

解读

原文论述了媳妇孝顺对夫家的意义。媳妇要顺从公公婆婆的意愿，并且与家人和睦相处，经营好家庭，使家庭内部和谐安定，构建美满的家庭，才能管理好家中的财物，这个家才会长盛不衰。

鲍宣，字子都，是西汉时期渤海高城（今河北省盐山县）人。他自幼聪明好学，熟读经典，后来被举为孝廉，并被大司空何武聘任为西曹掾，不久又被举荐为谏大夫，迁豫州牧。鲍宣为人正直不阿，为官直言敢谏。他曾上书指出百姓有七亡而无一得，有七死而无一生，由此可见他的忧国忧民之心。后来他又被任命为司隶，直到王莽执政的时候被迫自杀。

鲍宣的妻子是当时一方富豪桓氏的女儿，字少君。鲍宣曾拜桓氏为师，桓氏为鲍宣身处贫苦却能刻苦学习的精神所感动，认定鲍宣日后必定是一个很有作为的人，所以决定将自己的女儿嫁给他。

出嫁时，桓氏给女儿的嫁妆十分丰厚。这让鲍宣心里很是不安，他对妻子说："我知道少君你自幼生活就十分富裕，也习惯这些精美的妆饰打扮；可是你也知道，我生于贫寒之家，地位也很低下，实在是没有能力拿出与之相当的彩礼，也就更不敢收下如此之重的厚礼啊!"

少君说："父亲之所以把我嫁给您，完全是因为您品德高尚，遵守法度礼仪。如今我已经是您的妻子了，自然应当听从您的话。"妻子的理解让鲍宣高兴不已，于是二人就将少君的嫁妆全部送了回去。而少君自己则换上了平民百姓所穿的短布衣裳，坐着鲍宣的小车回家去了。拜见了婆母家人之后，少君就提着水桶出门挑水去了。从那以后，她改变了自己从前的生活习惯，而以一个妻子的身份来严格要求自己，恪守为人妻应具备的品德，因此得到了乡邻宗族的称赞。

儒家认为夫义妇顺之道，即丈夫行正义之道，妻子行和顺之道，是家庭和谐的基础，这在今天也有一定意义。

原文

故天子之与后，犹日之与月，阴之与阳，相须[1]而后成者也。天子修男教，父道也；后修女顺，母道也。

（《礼记·昏义》）

注释

①相须：互相依存，互相配合。

译文

天子与王后，就像日与月、阳与阴一样，是相须相辅才能存在的。天子推行男性的教化，行的是父道；王后推行的是女性的温顺，行的是母道。

解读

原文论述了天子与王后相辅相成管理国家。他们的关系可以形象地比喻为太阳和月亮、阳和阴的关系，相互配合而成。天子修治政教，管理臣民，行的是父道；王后修治女性的贞顺，教导儿女，行的是母道。

原文

君子尊让则不争，洁敬则不慢。不慢不争则远于斗[1]辩[2]矣，不斗辩则无暴乱之祸矣。

（《礼记·乡饮酒义》）

注释

①斗：争胜。②辩：言词争论，指诉讼。

译文

君子懂得尊重和礼让，就不会争斗；饮食洁净，互相致敬，就不会怠慢他人。不怠慢，不争斗，就远离了斗殴和打官司一类的事。没有斗殴和打官司一类的事，就没有暴乱之祸了。

解读

乡饮酒礼体现出人与人交往时应该坚持的相互尊重、相互谦让的原则。设置乡饮酒礼的目的，就是培养对人的尊重之心，有此心，争斗、诉讼的祸害就会少了。过量饮酒，怠慢他人，无礼施暴，必然产生种种祸端。

乡饮酒礼强调尊重、谦让、不怠慢、不争斗。如果违背了它们，则祸害极大，《三国演义》中的张飞醉酒就是因酒生祸的例子。

《三国演义》描写了张飞的三次醉酒，可谓是发人深省。第一次，张飞因为酒后鞭打督邮，丢了官。第二次，刘备去见天子的时候，临行前特意嘱咐张飞一定要少喝酒。张飞敷衍着答应了他，可刘备走了之后，他却说要“满饮”，喝到尽兴为止。

曹豹说喝不了了，张飞却鞭打了曹豹，这让曹豹愤恨不止。于是，曹豹让女婿吕布夜袭徐州，引起了一场不必要的战争。

第三次，关公死了之后，张飞十分难过，要求帐下末将范疆、张达三日内置办白旗白甲来祭奠关公。由于时间紧迫，范疆、张达希望张飞能够宽限几日，便一起去找张飞求情。张飞不仅没有同意他们的请求，反而将两人各打了五十鞭。于是，两人怀恨在心，合谋将醉卧在帐中的张飞杀害了。

喝酒误事，教训十分惨痛。张飞第一次丢了官，第二次丢了城池，最后一次连自己的性命都丢了。有嗜酒陋习的人，难道不应该引以为戒吗？

原文

民知尊长养老，而后乃能入孝弟[1]；民入孝弟，出尊长养老，而后成教[2]；成教而后国可安也。

（《礼记·乡饮酒义》）

注释

①孝弟：孝顺父母，善事兄长。弟（tì）：通“悌”。

②成教：教化有成。

译文

民众知道应该尊敬长者、赡养老人，然后才能回家孝顺父母、善事兄长。民众在家孝顺父母、善事兄长，出外尊敬长者、赡养老人，才能教化有成。教化有成，国家才能安定。

解读

原文强调的是乡饮酒礼的社会功用。乡饮酒礼始于周代，以尊贤敬老为宗旨，沿袭约三千年。清道光二十三年（1843年），清政府决定将各地乡饮酒礼的费用拨充军饷，其礼乃止。

乡饮酒礼体现恭敬、谦让、洁净、和谐等原则，也体现了尊重长者、赡养老人等中华孝道的重要内容。乡饮酒礼所体现出来的种种意义和内在精神，具体可以表现在以下环节中。

谋宾：主办方根据德行才能的高下或者长幼来确定宾客的人选，其中最优者一位为宾（正宾），次优者一位为介（陪客），再次者三人为众宾。

迎宾：主人亲自到宾、介家中通报并表达邀请的诚意。行礼之日，主人到宾、介家中召请，并在乡学门前迎接宾客。

献宾：献宾分为三个环节。主人向宾献酒称为“献”；宾回敬主人称为“酢”；主人先自饮，再劝宾一起饮，称为“酬”。三者合称为“一献之礼”。

乐宾：为宾客演奏乐曲，以示尊敬和慰劳。

旅酬：旅酬是自上而下的劝酒。旅酬的顺序是：宾酬主人，主人酬介，介酬众宾，众宾再依照长幼依次相酬。

无算爵乐：主宾饮酒频频举杯，尽兴而行，此即“无算爵”。乐工不断歌奏，尽欢而止，此即“无算乐”。

宾返拜：宾告辞，主人送到门外。次日，宾前往主人家答谢。

《尚书》选读

简介

《尚书》是我国第一部历史文献汇编，是我国现存最早的官方史书，并且是记言体史书，也是最早的成篇散文集，是上古政事史料的汇编。又称《书》或《书经》，是儒家经典之一，秦朝时还专门设立了《尚书》博士。《尚书》生动地再现了我国早期社会的状况，蕴含着博大精深的中华民族思想文化。

《尚书》共有两种传本，现在通行的《十三经注疏》本，是《今文尚书》和《古文尚书》的合编。其中《古文尚书》不少系伪作，但它具有较高的价值，因而本书也予以选录。《尚书》由《虞书》《夏书》《商书》和《周书》四个部分组成，多为史官所撰，但其编写不是由同一人在同一时期完成的。儒家在《尚书》的整理和流传过程中作出了巨大的贡献，深深地打上了自己的烙印。

《尚书》记载了上古尧舜时代至春秋中期许多君王的文告和君臣的谈话记录，保存了上古有关政治、哲学、思想、文化、天文、地理、法律等方面的珍贵资料，是研究上古历史的重要文献。

《尚书》包括典、谟、诰、训、誓、命等。典，记录的是君王的一些事迹和言论。谟，记录的是君臣之间的一些讨论、对话和谋议。诰，记录的是君王对臣下或老臣对年轻的君王（包括诸侯国君）的告诫之词。训，记录的是臣下对君王的劝导之词。誓，记录的是君王或诸侯在征伐或交战前的誓师之词。命，记录的是君王表彰有功诸侯的册命之词。

《尚书》的核心思想是神权思想，因为在殷商时期，民众崇拜天帝，敬畏祖先，祭祀成为当时社会最重要的政治活动。《尚书》以天命观来解释历史朝代的更迭，旨在以史为鉴，勿蹈覆辙。

原文

德惟[1]善政，政在养民。

（《尚书·大禹谟》）

注释

①惟：语气词，表判断。

译文

德政才是最好的政治，政治在于养护人民。

解读

原文是大禹、伯益、皋陶几位大臣与舜帝谈论治国之事的对话。大禹认为君王的德行应该是使政治美好，从而使百姓生活美好。儒家也认为，“政”就是“正”，意思是用符合正道的政治来治理国家、管理人民，重视民生和民意，关怀天下的百姓，并且把百姓的根本利益放在重要的位置，爱民利民。

汉代，董宣担任洛阳县令时，湖阳公主的家奴白天杀了人。因为家奴藏匿在公主家里，官吏无法抓捕。一次公主出门时，这个家奴陪同。董宣得知，带人在路上等候，拦住公主的车马，呵斥家奴下车，并将家奴处死。

公主立即回到宫里，向弟弟光武帝告状。光武帝听罢大怒，找来董宣，要用鞭子打死他。董宣磕头说：“皇帝您因德行圣明而中兴复国，却放纵家奴杀害百姓，将来拿什么来治理天下呢？臣下我不等鞭子打，请求自杀。”他当即用脑袋去撞柱子，顿时血流满柱。

光武帝命董宣向公主磕头谢罪，董宣不答应。光武帝命太监强迫董宣磕头，董宣两手撑地，一直不肯低头。公主气不过，说："过去弟弟做百姓的时候，隐藏逃亡犯、死刑犯，官吏不敢到家门。现在做了皇帝，用您的威严还不能制服一个县令吗?"光武帝笑着说："做皇帝和做百姓不一样啊。"于是立即下命令："将硬脖子县令拉出去!"但光武帝只是让人把董宣拉出去，并没有严惩他。不仅如此，光武帝还赏赐董宣三十万钱，董宣则全部分给手下部众。

董宣捕捉、打击依仗权势横行不法之人，没有谁不害怕得发抖，京城称之为"卧虎"。董宣七十四岁时，死在任上，光武帝派遣使者探望。使者只见董宣的妻子和儿子相对而哭，布做的被覆盖着尸体，家里只有一些大麦、一辆破车。使者回报，光武帝感慨地说："董宣如此廉洁，到他死了，我才知道。"

董宣用自己的行动告诉光武帝，政治的首要目标，就是保护人民、爱护人民，用符合正道的政治来治理国家。

原文

克勤于邦①，克俭于家②。

（《尚书·大禹谟》）

注释

①克勤于邦：指为治水的事业竭尽全力。②克俭于家：在家生活节俭。

译文

能为国家大事不辞辛劳，居家生活俭朴。

解读

原文是舜帝因为大禹治水历经十三年的艰苦岁月，三过家门而不入，最终治水成功，所以决定把帝位禅让给大禹时所说的话。他认为大禹既能勤劳地治国，又能以节俭持家，有德也有才，是担当帝位的最合适人选。中华民族自古就有勤劳节俭的优良传统，勤劳节俭也是修身、治家和治国的美德，我们应当继续发扬这一传统美德。

季文子是春秋时期鲁国的贵族，身份地位十分显赫，但他始终将节俭当作立身的根本，并以此要求家人。

季文子的衣服除了朝服之外，没有几件像样的，他外出乘坐的车马也十分简单。他家中的妻妾不能穿丝绸的衣服，喂马也不准用粮食。

公元前568年，季文子因为久病不治而离世。当时，鲁国国君到他家中吊唁，看到季文子的随葬品都是一些案头和橱柜中破旧的东西，便忍不住问季文子家人是不是舍不得拿出值钱的东西来陪葬。季文子的管家一听，忍不住失声痛哭："国君啊，我的主人一生节俭，甚至常常用自己的私钱去解决国事，哪里还有积蓄呢？您若不信，我这就取出账簿让您核对。"说着，管家就将账簿呈给鲁国国君。鲁国国君看了之后，忍不住赞叹季文子的义举。随行的官员得知此事，深感震撼。事情传开之后，全国上下的百姓都夸赞季文子的高尚品行。

原文

人心[①]惟危[②]，道心[③]惟微[④]，惟精[⑤]惟一[⑥]，允[⑦]执[⑧]厥中。

（《尚书·大禹谟》）

注释

①人心：产生私欲的心。②危：险。③道心：符合正道的心。④微：精微。⑤精：精研。⑥一：专一。⑦允：信。⑧执：执守。

译文

人心是危险的，道心是微妙的。体悟道必须精益求精，用心专一，真诚地遵守不偏不倚的中庸之道。

解读

原文是舜帝禅让帝位给治水有功的大禹时所说的话。舜帝认为人心危险是因为人有私欲，而追求私欲甚至无限扩张私欲将会导致丧失良心和背弃道义，终将自取灭亡。因此，需要用道心来驾驭人心，精微专一地研究和学习义理，提高自我的道德修养，诚实地遵行正道，克服私欲。只有这样，才可以无愧于心，坦坦荡荡地为人做事。

孔子的学生子贡这样问他："如果一个人能让乡里所有的人都喜欢他，这个人怎么样？"孔子回答说："不怎么样。"子贡又问："那要是乡里所有人都厌恶他呢？"孔子回答："不怎么样。如果乡里的好人都喜欢他，而坏人都厌恶他，那这个人就很好了。"对于和稀泥的处世态度和方法，孔子是坚决否定的；对于那些“和事佬”，孔子痛骂他们是“乡愿”，是“德之贼”。

《淮南子·人间》中记载，有人问孔子：“颜回这个人怎么样?”孔子回答：“颜回真是一个仁人，是我所不能及的。”这个人又问：“子贡这个人呢?”孔子说：“子贡口才很好，我比不上他。”又问：“那么子路呢?”孔子说：“子路比我勇敢啊!”这个人奇怪地说：“如此看来，这三个人都比您强，可他们却愿意拜您为师，这是为什么呢?”孔子说：“虽然我不如颜回有仁德，可我比他坚强；我的口才比不上子贡，可我比他谦虚；我的勇敢比不上子路，可我比他知进退。他们的长处我确实比不上，但是如果用他们的长处来换我的中庸之道，我是不愿意换的。”

子贡还问过孔子这样的问题：“子张和子夏相比，哪一个更有贤德呢?”孔子回答说：“子张是过了，而子夏则不及。”子贡想了想，又问老师：“是不是子张要比子夏好一些呢?”孔子说：“过和不及一样，都是不对的。”

有一次，子路问孔子：“是不是听到事情就要做呢?”孔子说：“你有父亲和哥哥在，怎么能听到就做呢?”过了一段时间，冉有也问孔子同样的问题，孔子回答他说：“你既然听到了就该去做。”这两次问答公西华都听见了，他十分疑惑，就问孔子：“他们问的问题是一样的，为什么您给他们的却是完全相反的答案呢?”孔子说：“冉有这个人做事情总是思虑再三，犹豫不决，所以我告诉他要果断一点；而子路过于鲁莽，做事情缺乏考虑，所以我才告诉他要退一退。”

孔子是弘道圣人，以道心为主，人心从之，故能行中庸之道。

原文

满招损，谦受益，时[①]乃天道。

（《尚书·大禹谟》）

注释

①时：是，这。

译文

骄傲自满会招致损失，谦虚会获得益处，这是天道。

解读

这句名言是舜帝的大臣益对大禹的进言，很有道理，也富有哲理。骄傲自满会使人走下坡路，遭受损失；谦虚谨慎会使人冷静理性地待人接物，终将获得益处。“谦虚使人进步，骄傲使人落后”，说的就是这个道理。

唐太宗是一代圣明君主。他之所以能接纳劝谏，就是因为他有谦虚之德。

唐太宗即位后，对大臣说：“人们常说天子应当自尊，无所畏惧，但我却以为天子应当谦虚恭敬，常怀畏惧之心。以前舜曾告诫禹说：‘只要你不高傲，天下没有人能同你争能；只要你不夸耀，天下没有人能同你争功。’《周易》又说：‘人道恶盈而好谦。’凡是做天子的，如果只讲自己尊荣崇高，而不守谦逊之道，那么即使自己有不足之处，也没有人敢犯颜直谏。朕每说一句话，每做一件事，必定对上畏惧皇天，对下畏惧群臣。皇天高高在上，向下垂听，怎能不畏惧？大臣公卿都在仰视着朕，朕怎能不畏惧？从此来考虑，朕常常谦虚、畏惧，只恐不能让百姓称心满意。”

原文

天聪[1]明[2]，自我民聪明。天明[3]畏[4]，自我民明威。

（《尚书·皋陶谟》）

注释

①聪：听力好，此处指善于听取意见。②明：视力好，此处指善于观察问题。③明：彰显，指表彰好人。④畏：通“威”，指惩治坏人。

译文

上天的聪明来自人民的聪明；上天的扬善罚恶，来自人民的扬善罚恶。

解读

原文是皋陶与舜帝讨论治国思想与方略的一次对话。皋陶是舜帝的大臣，谟是谋略的意思。皋陶认为，天意依从的是民众的意愿，上天根据民意来惩恶扬善，天意就是民意，天意的执行者是“天子”，因此，天子按天意行事也就是按民意行事，天子只有这样做才能顺应天意，获得民众的信任与支持，为民众造福。

要相信民众的智慧，相信民众的力量，尊重民众的独立人格，听取民众的正确意见。此外，君子要有坚定的意志，坚守自己的信念，不随波逐流，不屈从外在的压力，独立发表自己的意见。孟子认为，人人都有天然尊贵的人性，“人皆可以为尧、舜”（《孟子·告子下》），高扬“天爵”（德行），蔑视“人爵”（官位）。传统中国社会的奴性是由封建专制的社会环境与人性的懦弱造成的，而不是由儒家文化造就的。

夫禮者所以定親
疏決嫌疑別同異
明是非也

楊寶平書

乐者天地之和
也禮者天地之
序也和故百物皆
化序故群物皆别

歲次丙申年暑月 楊寶平

克勤於邦
克儉於家

歲次丙申年暑月於京華
楊寶平

滿招損謙受
益時乃天道

楊寶平書

原文

民惟①邦②本，本固③邦宁④。

（《尚书·五子之歌》）

注释

①惟：是。②邦：指国家。③固：稳固，安定。④宁：安宁。

译文

人民是国家的根本，根本牢固国家才会安宁。

解读

国家的根本是人民群众，这是一种正确的认识。人民群众生活安定、工作稳定，社会公平公正，人们的物质生活和精神生活都得到满足，自然热爱国家，那么，这个国家自然也就安定、团结，社会也就文明、和谐。反之，如果国家和政府不重视人民群众这个根本，不把人民的利益当回事，甚至损害人民的利益，那么“水能载舟，亦能覆舟”，这个国家是不可能安宁的。

史载，召公为官不怕辛苦，勤政爱民，常常下乡巡视。有一次，他还在乡野间，太阳已经落山。召公为了不打扰百姓，在甘棠树下面搭了一个草棚住下。地方官吏知道后，想让百姓腾出房屋，召公得知，马上制止：“让我一人舒服，却让百姓辛劳，这不是仁政。”召公便在甘棠树下休息，感到饥饿的时候，就吃些棠梨果子。他还告诫地方官吏，说甘棠树长势很好，并且果实甜酸可口，百姓劳作后，可以在树下歇息，吃棠梨果子解渴，万不可滥砍滥伐，要好好保护。召公的爱民事迹广为流传，受到百姓的尊崇。

召公懂得“民惟邦本，本固邦宁”这个道理，故而不愿意扰民，而是爱护人民。

原文

有夏[1]多罪，天命[2]殛[3]之……夏氏有罪，予畏[4]上帝，不敢不正[5]。

（《尚书·汤誓》）

注释

①有夏：夏王朝。有，无实在意义。②命：命令。③殛（jí）：诛杀。④畏：敬畏。⑤正：通“征”，征伐。

译文

夏王朝有许多罪恶，天命要诛杀它。……夏桀有罪，我敬畏上天，不敢不去征伐他。

解读

《汤誓》是商汤起兵讨伐夏桀时的誓师词。人们多认为其成书时代为战国时期，其最早被《孟子·梁惠王》篇引用。誓词首先申明伐桀灭夏的合理与必要之处，因为“夏多罪”，社会矛盾尖锐，民怨四起，自己从“天命”，为民除害。成汤的誓师词反映了儒家重要的民本思想，即民众与臣子可以反抗与讨伐无道的暴君。

天道[1]福善[2]祸淫[3]。

（《尚书·汤诰》）

注释

①天道：上天的大道。
②福善：降福给行善之人。
③祸淫：降灾祸给邪淫之人。

译文

天道将降福于行善的人，降祸于作恶的人。

解读

《汤诰》是商王成汤灭夏后对天下四方诸侯的告诫，意在训导他们爱国爱民，行善积德。

商汤和周武王没有只想着夺取天下，他们还修养道德，践行正义，创造天下共同的利益，驱除天下共同的祸害，因而人民归顺他们。夏桀和商纣王违背夏禹和商汤的道德，扰乱礼义制度，恶贯满盈，所以人民就抛弃了他们。

原文

居上克明[①]，为下克忠[②]。

（《尚书·伊训》）

注释

①明：明察，明白。②忠：竭诚事上。

译文

在上为君者如果能够明察，在下为臣者就能够忠诚。

解读

原文是商朝老臣伊尹用先王成汤的德行来训导初即位的商王太甲时说的话。伊尹认为，先王成汤能够尽君道，考察民间的生活状况，选贤任能，用人适当，因此，他的臣子们能够竭尽忠诚地为他效力。治理国家，管理人民，君王和大臣各有自己的责任，都需要勇于担当重任，只有这样，国家才能治理得好，人民才能安居乐业。

忠于人民，忠于祖国，是为公忠，公忠是无条件的。在现代社会，对个人、对团体的私忠是有条件的，条件就是：被忠于的个人或集团必须走正道；忠诚是互尽的义务，如果一方丧失了忠诚，那么另一方单向的忠诚也很难维持。

古代有“忠于民”之说。孔子说：“君使臣以礼，臣事君以忠。”（《论语·八佾》）也就是说，君王以礼对待臣子，臣子以忠侍奉君王。君王如果不能善待臣民，就会遭到臣民的反抗。孟子认为，像桀、纣这样的暴君实际上已经失去了作为君王的资格，是“残贼”，是“独夫”，因此商汤、周武王对他们的反抗是合理的。

非知之艰，行[①]之惟艰。

（《尚书·说命》）

注释

①行：身体力行。

译文

认识并不艰难，付诸行动才艰难。

解读

原文是殷王武丁任命傅说为宰相时，傅说对武丁的进言。傅说认为，弄清楚道理并不困难，困难的是有所行动。如果人们只停留在认识的环节上，没有行动，则无法获得真知灼见。只有行动起来，才能检验认知的真与假、是与否。既要有“知”，即理论的学习和思考，又要有“行”，即付诸实践、见诸行动，这就是知行合一。

在知行合一中，知既指真理也指义理，行既指实践也指践行。知行合一，既指真理与实践合一，也指义理与践行合一。学习真理，修习义理，要有目的性、针对性，要注重现实性、实效性，如此才能对自己产生修身养性的效果，对社会产生“经世致用”的效果。修身养性与经世致用相辅相成，孔子说：“修己以安百姓”，“修己以安人”（《论语·宪问》）。

原文

天佑[1]下民，作[2]之君，作之师。

（《尚书·泰誓》）

注释

①佑：助。②作：立。

译文

上天保佑人民，让他作为人民的君主，让他作为人民的老师。

解读

原文是周武王在孟津与诸侯会盟时所发的誓词。誓词中一再揭露商纣王的恶行：对上天不恭敬，给人民带来无穷的灾祸，残暴虐杀民众，恶贯满盈，上天命令诛杀纣王，自己是顺应上天之意行事。他认为，上天佑助万民，所以为他们选立有德的君王和百官，以辅助上天爱护民众，他自己敬慎和畏惧天命，也是为了实现民众的愿望。

在尧、舜、禹、商汤、周文王、周武王身上，实现了“君”与“师”的合一。到孔子时，孔子是师，而非君。因此儒家设计了君王要听从万世师表孔子的教导，顺从“道统”的方案。

儒家认为，当权者必须接受道统的匡正，此即“以道事君”（《论语·先进》），“格君心之非”（《孟子·离娄》）。“圣也者，尽伦者也；王也者，尽制者也。两尽者，足以为天下极矣，故学者以圣王为师。”（《荀子·解蔽》）“道统”要保持自身的独立性，只有这样，才有力量去转化政治势力，使之从偏离的道路上回到“政道”上来。王夫之《读通鉴论》说：“儒者之统，与帝王之统并行于天下，而互为兴替。其合也，天下以道而治，道以天子而明。及其衰，而帝王之统绝，儒者犹保其道以孤行而无所待，以人存道，而道可不亡。”“道统”具有永恒性，而政统则具有多变性。政统有时符合道统，有时又偏离道统。在中国历史上，政统偏离道统的现象屡屡发生。朱熹曾愤激而言道：“尧舜三王周公孔子所传之道，未尝一日得行于天地之间!”(《朱文公文集》)汉代初期政统偏离道统，在儒生的努力之下，汉武帝时又回归道统。

原文

受[1]有亿兆[2]夷人[3]，离心离德；予有乱臣[4]十人，同心同德。虽有周亲[5]，不如仁人。

（《尚书·泰誓》）

注释

①受：指商纣王。②亿兆：言极多。③夷人：平民。④乱臣：指治世大臣。⑤周亲：至亲。周，至。

译文

纣王虽有千千万万人民，但都离心离德；我有图治大臣十人，都同心同德。纣王虽然有至亲，但比不上我有仁人。

解读

原文是周武王伐纣前的誓师词。周武王指责商纣王荒淫无道，残暴至极，犯下了滔天大罪，虽然有众多的人民，但都怨恨且不拥护他。商纣王拥有权势和富贵，但是没有德行，因而不可能长久，早晚将会失去一切。周武王虽然臣子不多，却有仁人相助，人们有共同的信念和理想，因此，伐纣取得了成功。

原文强调了德治的重要价值。但儒家并没有轻视法治，周公“制礼作乐”，其中“礼”就是大量的典章制度。

法治是协调人与人之间的利益关系的，然而法治社会只能培养人们的功利算计之心，使“民免而无耻”。德治则培养人的道德良知，做到“有耻且格”。法治的环境有助于道德品质的养成，但道德品质的培养主要还是靠德治。对待人与人之间的矛盾，应当先用道德的原则以协调的方式来解决，解决不了，才能诉诸法律。

然而，德治也有其局限性。德治只对有德之人有效，对无德之人难于发挥作用。反腐败最根本的途径是法治。建设制约权力的制度，建立有贪必惩的机制，发挥群众和媒体的作用，对官员实施强有力的制约与监督，这样反腐才能取得更大的成效。

原文

天视自[1]我民视，天听自我民听。

（《尚书·泰誓》）

注释

①自：从。

译文

上天所看到的来自我的老百姓所看到的，上天所听到的来自我的老百姓所听到的。

解读

原文是周武王伐纣前与各路诸侯会合时一同所作的盟誓。周武王认为上天的所见和所闻都是来自民众的见闻，听闻知晓民众的怨言和苦难后，上天就下达命令，而执行天命的是有德之君。他以天道观的善恶有报强调了伐纣的合理性，承认国家的根本是民众，应当顺从民意，符合民心，替天行道。

民本是自上而下的治理方式，民主则是自下而上的治理方式。对于中国这样一个大国而言，同时运用这两种方式，体现出中国传统的高深智慧。民本与民主，正如太极图中的阴阳鱼，你中有我，我中有你，形成动态的治理结构。民本与民主，也可以通过《泰卦》说明，《泰卦》的卦象为乾（天）下坤（地）上，地气上升，乾气下降，阴阳二气一升一降，互相交合，顺畅通达。“天地交而万物通也，上下交而其志同也。”（《周易·泰卦》）

儒家政治的基本模式是儒家民本加儒家民主，这是一条有别于西方民主的政治建设道路。儒家的性善论是德治的基础，也是自由的前提；儒家的性恶论是法治的基础，也是服从的前提。儒家文化中有丰富的民主因素，要充分发掘出来，结合现代社会条件，建设儒家民主。

原文

无[①]偏无陂[②]，遵王之义[③]；无有作好[④]，遵王之道；无有作恶，遵王之路。无偏无党[⑤]，王道荡荡[⑥]；无党无偏，王道平平[⑦]；无反[⑧]无侧[⑨]，王道正直。

（《尚书·洪范》）

注释

①无：不要。②陂（pō）：偏差。③义：法。④好（hào）：私好。⑤党：结党。⑥荡荡：宽广。⑦平平：平坦。⑧反：违逆。⑨侧：倾侧。

译文

不要有任何偏颇，要遵守王法；不要有任何私好，要遵守王道；不要为非作歹，要遵行正路。不偏私，不结党，王道宽广；不结党，不偏私，王道平坦；不违反王道，不偏离法度，王道正直。

解读

统治者不结党营私，不徇私舞弊，而是遵循王道正义的要求，遵循王道公平正直的法则，这些是国家与社会稳定和团结不可或缺的价值规范和道德准则。这些规范和准则既是国家和社会的各项事务有秩序地顺利开展的保障，也是实现人民群众的福祉和愿望的保障。统治者一旦违反，势必违背民意，失去民心，叛乱和灾祸也将不断出现。因此，统治者必须遵守这些传统的伦理道德。

玩[①]人丧德，玩物丧志[②]。

（《尚书·旅獒》）

注释

①玩：玩弄，戏弄。②志：志向，抱负。

译文

戏弄他人易于丧失良好的德行，玩赏无益之器物易于丧失志向。

解读

太保召公知道周武王收养猎犬“獒”后，作《旅獒》来劝谏周武王不要丧失品德和志向，要专心治理朝政。他认为，有贤德的人应当诚信待人，谨言慎行，注重修养道德；应当志存高远，奋发向上，戒除不良嗜好。只有这样才不会堕落，丧失抱负，以致一事无成。

原文

皇天无亲[1]，惟德是辅[2]。

（《尚书·蔡仲之命》）

注释

①亲：亲近。②辅：辅佑。

译文

上天无所偏爱，只辅助有德之人。

解读

原文是周成王册封蔡叔之子蔡仲时说的勉励和训诫之言。蔡叔叛乱，被周公平定，其子蔡仲却能够遵守道德，改父之行。于是，周公向周成王请命，封蔡仲为诸侯。周成王训诫他，直言上天公正无私，没有亲疏之别，总是帮助有德之人，勉励他做品德高尚的人，遵德爱民。

有道者，上天都会庇佑；无道者，不仅民众怨愤，上天也会使他灭亡。夏代末期，商族与葛族是相邻的部族。葛族首领葛伯十分放纵，对鬼神缺乏敬畏，从不祭祀。商汤派人去问："为什么不祭祀？"葛伯说："没有牛羊作祭品。"商汤派人送去牛羊。葛伯没有将这些牛羊用于祭祀，而是将它们吃掉了。

商汤又派人问他："为什么不祭祀？"葛伯说："没有精米作祭物。"商汤派民众前去为他耕种，又让老弱之人给耕种的人送饭。葛伯率领葛人在半路拦住到田间送饭的人，夺取食物。一个小孩在去送饭的路上，被葛伯杀掉了。

商汤大怒，起兵讨伐。讨伐东面，西面就有人抱怨；征伐南面，北面就有人抱怨。抱怨的人都说："为什么把我们放在后面?"于是商汤诛杀了葛族残暴的首领，安抚人民。商汤有大德，在上天的庇佑下，最后建立了商王朝。

原文

天惟时求民主①，乃大降显休②命于成汤。

（《尚书·多方》）

注释

①民主：百姓的主人。②显休：光明美好。

译文

上天为了寻找能够为民做主的人，于是降下光荣的使命给成汤。

解读

原文是周公为告诫各国的诸侯和大臣服从周王朝的统治而作的诰。诰词强调，周王朝的建立是遵奉了天命，上天为民众寻找主宰，于是降下光明美好的天命，赐予成汤。天命是不可违背的，不允许有叛乱和大逆不道的行为。所以，人们应当敬畏天命，服从周王朝的统治。

在中国古代，由于工商业不发达、信息传播不畅、交通不发达以及人民文化素质低、人身依附性强、独立意识差等原因，民意常常成为叛乱者的借口，民主共和制度是不可能建立的，相对合理的选择是君主制。儒家不可能做超越时代限制的事情，而是根据时代条件设计出君主制下的民本与仁政模式，这是最适合中国古代的政治模式。

“民本”与“君主”是相对而存在的概念，无论是专制君主制还是君主立宪制，都需要以民为本，即君王与官员以百姓为根本，同时，百姓以君王和官员为主人。儒家所设计的太傅教育制度、经筵讲席制度、史官实录制度、灾异罪己制度、朝廷采风制度、选贤举能制度、群臣庭议制度、大臣谏议制度等，都是提高治理水平的有效办法。要实现上述关于民本政治的理想的设计，在实践中主要依靠君王和官员的道德素质。但是由于君王高高在上，不接受任何有效的限制，所以在君王不理会“灾异之变”且腐败无能的情况下，依靠君王来推行民本思想经常陷于失败，这时民本政治的种种设计就变成美丽的空话，这是民本政治的最大缺陷。

儒家主张在君主制时代提倡“忠君”思想，但并不维护专制暴君，而是试图用“仁政”“民本”“礼乐”“道德”来建立圣主明君政治。儒家设计的方案是由“圣”而“王”，即先具有圣人的素质，才有资格成为君王，或者说君王必须接受圣人之道。但事实上，部分专制帝王所走的道路是由“王”而“圣”，即帝王首先掌握政治权力，接着控制话语权而自封为“圣”。帝王的诏令被称为“圣旨”。帝王成为政治、思想、文化的最高裁决者，即作为政治领袖的同时又充当精神导师。这种思想专制，是严重违背儒家精神的。公羊学反对将君主制度绝对化、永恒化、神圣化，反对将天子与天并列，反对“大夫僭诸侯，诸侯僭天子，天子僭天”，认为君主不能代表天意，君主不过是人爵，与公侯伯子男同列。公羊学认为君主制度是历史演进到某一特定阶段的产物，君主制度最终会被新的制度代替。公羊学肯定商汤、周武以革命推翻暴政的做法，主张君臣以义合。

原文

以公灭私，民其允[①]怀[②]。

（《尚书·周官》）

注释

① 允：信。② 怀：安，安服。

译文

能够以公心灭私欲，人们就会真诚归附。

解读

原文是周成王为了维护周朝的统治而告诫百官时所说的话。他训诫百官要用公心消除私欲，做大公无私的贤良臣子，这样民众才会拥护政府，才会心悦诚服地支持统治者及其颁布的政令。

“公利”是指社会群体的公众利益，是符合“义”的。“私利”则分两种情况：当个人利益与公共利益冲突，损害公共利益时，私利是违背“义”的；而当个人利益与公共利益相一致时，私利是符合“义”的。按正义原则取得“利”，以此行事才能获得安定与和谐。依法治国，法律面前人人平等，管理者公平公正、廉洁自律、秉公办事、不徇私情，这样才符合公利。

原文

功崇①惟②志③，业广惟勤。

（《尚书·周官》）

注释

①崇：高。②惟：由于。③志：志向。

译文

功高是因为有志向，业大是因为勤奋。

解读

原文是周成王勉励百官时说的话。他认为一个人功高是由于有明确的志向，有高尚的追求，心怀远大的理想，并且能够努力实现自己的志向；还认为一个人事业成功、家业庞大是由于勤劳不倦，不怕辛苦劳累地付出和工作。俗话说，“一分耕耘，一分收获”，任何重大成就的取得都离不开勤劳。

马援是东汉初期的名将，他之所以能成就大业，很大一部分原因是其志向高远。

《后汉书·马援传》记载，早在新莽政权的时候，马援就当上了地方官。他私自放走了囚犯，逃到北陲之地放牧。然而，仅仅过了几年，他就有了数千头牛马羊、万斛谷物，前来归附他的人竟达到了数百家。

马援归附东汉政权之后，朝廷封其为伏波将军，并命他率兵北上反击匈奴。后来，他果然凯旋，亲友们都来祝贺。慷慨激昂的马援感慨地说：“我作为一个男子汉，自当为国家英勇作战。要有战死沙场、马革裹尸的决心，而不是安然地躺在床上，死在儿女的身边。”为了能实现这个愿望，晚年马援曾多次上书朝廷，请求率兵南征交趾，然而光武帝却因为担心他的身体，并未批准。马援于是披上战袍，纵马驰骋，开弓射箭，以此来显示自己宝刀未老。光武帝见马援坚持，最终只得批准他南征的请求。

马援一生戎马倥偬，往北出大漠击匈奴，往南则征交趾，最终因疫病死于军中，实现了其“马革裹尸”的愿望。

原文

恭俭惟[1]德，无载[2]尔伪[3]。作德，心逸日休；作伪，心劳日拙。

（《尚书·周官》）

注释

①惟：语助词，表判断。②载：事。③伪：奸伪。

译文

恭敬勤俭要遵循道德，不要在表面上把自己伪装起来。遵循道德，就会心境安逸，天天处于安静状态；在表面上伪装，就会心境劳苦，天天处于烦躁状态。

解读

原文是周成王对周朝百官的告诫之言。周成王教导百官遵守恭敬和节俭的美德，切忌做奸伪的事情。周成王奉劝他们要积德行善，只有这样做内心才没有愧疚，为人坦荡，才能身心和谐、健康。相反，如果言语和行为有欺诈，甚至作恶多端，那么心中自然会有不安，心神不定，迟早都会遭到别人的谴责，遭遇祸患。

张说的事例便很好地说明了这一点。张说，字道济，唐代文学家。武则天策试贤良方正时，张说对策第一，授太子校书，累官至凤阁舍人。当时武则天有两个宠臣，名叫张昌宗和张易之。二人深得武则天信任，也很有权势，满朝官员见到他们二人都要礼让三分。但有一个人却是例外的，他就是当朝宰相魏元忠。魏元忠是在狄仁杰死后继任其位当上唐朝宰相的，张说是他的下属。对于二张的行为，魏元忠十分厌恶，他从不将二人放在眼里，更不愿在他们面前卑躬屈膝，二张对他甚是不满。

后来二张在武则天面前诬告魏元忠，说魏元忠经常在背后议论陛下已老，无法料理朝政，甚至决心投靠太子，勾结太子准备谋反。武则天一听，勃然大怒，下令将魏元忠打入大牢，准备亲自审讯，并要求二张当面揭发。但魏元忠能言善辩，而这件事也实属诬陷，张昌宗担心自己辩不过魏元忠。正当张昌宗为此事犯愁的时候，他突然想起了魏元忠的部下——张说。于是他找到张说，威逼利诱，软硬兼施，要求张说作伪证，并承诺事成之后提拔张说。

张说奉命刚进入朝堂，张昌宗便迫不及待地拉过他，说道："你把那日同我所说的话在陛下面前再说一遍！"

武则天也问张说："魏元忠是否说过诽谤朝廷的话？你要从实招来，不得有所隐瞒！"

张说看了看张昌宗，又看了看宰相魏元忠，向武则天说："陛下要臣说实话，臣不敢欺瞒陛下，不得不说。臣确实没有听到魏元忠说过反对陛下的话，反而是张昌宗要求臣作伪证，污蔑宰相！"

武则天大骂张说，说他是"反复无常的小人"，将张说抓了起来，令人严审。但张说坚持声称魏元忠是遭人陷害。武则天抓不到证据，于是便将魏元忠放了，但还是撤了魏元忠的宰相之职，同时判了张说流放之刑。

朝中知道这件事情的官员都为张说感到不值，张说却说："帮助张昌宗确实能让我升官，但我良心难安啊！我不愿做违背道义的事。现在我被流放，但我却感到无比轻松。与其昧着良心升官发财，倒不如流放让我快活！"

张说不作伪证，为的是良心安宁。

桃夭

碩鼠

所謂伊人在水一方
丙申冬簡山畫 舍之題

伐木

丙申冬簡山畫
含之題

《诗经》选读

简介

在我国文学史上，《诗经》是第一部诗歌总集，共305篇，也称为《诗三百》，收录的是西周初期直到春秋中叶近500年间创作的诗歌。

孔子曰：“《诗》，可以兴，可以观，可以群，可以怨。迩之事父，远之事君；多识于鸟兽草木之名。”《诗经》的产生地覆盖了今天的山东、河南、山西、陕西以及湖北、安徽等地；作者来自扮演不同社会角色的人，有王侯将相，有民间歌手，有文人学者，也有底层劳动者。关于《诗经》汇总收集的缘由，一说是周天子派遣官员四处采集整理民谣，一说是周天子下令由公卿列士献诗，都旨在了解民情。还有一说则是孔子按照礼义的标准，从原有的3 000篇古诗中，选编、整理了其中的305篇。虽然说法各异，但是通常认为《诗经》的编纂及整理是由周朝的官吏所为，孔子大概也曾参与其中。孔子说自己“兴于诗，立于礼，成于乐”。

《诗经》很早就被普遍当作文化教材，因其有着丰富的内容，孔子教育其子：“不学诗，无以言。”并评价《诗经》的特点是“思无邪”。也就是说《诗经》以直接、真实的方式来表达情感，反映社会现实，文风多样，内涵丰富，思想深刻，影响巨大，被誉为“周代社会生活的百科全书”，是我国古典诗歌现实主义的滥觞。

古往今来，多少仁人志士对《诗经》加以解读，观点并不相同，甚至大相径庭，但各有各的道理。本书收录的是《诗经》中广为传诵的名句名篇，对之进行了抽丝剥茧的解读，附上了详尽的拼音和注释，除去阅读中的障碍，使读者感受《诗经》的千古魅力。

原文

关关[①]雎鸠[②]，在河之洲[③]。窈窕[④]淑[⑤]女，君子好逑[⑥]。

（《周南·关雎》）

注释

①关关：雌雄二鸟相互应和的叫声。②雎鸠（jū jiū）：一种水鸟名。③洲：水中的陆地。④窈窕（yǎo tiǎo）：体态美好的样子。⑤淑：好，善良。⑥好逑（hǎo qiú）：好的配偶。逑，“仇”的假借字，匹配。

译文

关关和鸣的雎鸠，相伴在河中的小洲。那美丽贤淑的女子，是君子的好配偶。

解读

《国风·周南·关雎》是《诗经》的第一篇，诗中所说的“君子”既有地位又有德行，而“窈窕淑女”也既有美貌又有德行，二者的结合非常理想。《关雎》认可的是男女间这样一种感情，即自然而正常、有所克制、符合社会美德。因其感情上有克制、行为谨慎，被儒者认为是“正夫妇”的道德教材。

原文

桃之夭夭[①]，灼灼[②]其华[③]。之子[④]于归[⑤]，宜[⑥]其室家[⑦]。

（《周南·桃夭》）

注释

①夭夭：桃花怒放的样子。②灼灼（zhuó）：鲜艳。③华：古“花”字。④之子：这位姑娘。⑤于归：出嫁。古代把丈夫家看作女子的归宿，故称“归”。⑥宜：通“仪”，善。⑦室家：配偶。

译文

茂盛桃树嫩枝芽，开着鲜艳粉红花。这位姑娘要出嫁，定能使家庭和顺。

解读

诗中所塑造的少女美丽动人，“灼灼”二字更显其让人眼前一亮，描写得十分生动。诗中洋溢着快乐的气氛，表达了人们对生活的热爱，对幸福、和美家庭的追求。这首诗的字里行间还蕴含着这样的思想：一个真正美丽的姑娘既有艳如桃花的外在美，又有“宜室”“宜家”的内在美，这样的人必定善良而且通情达理。

原文

我心匪①石，不可转②也。我心匪席，不可卷也。威仪③棣棣④，不可选⑤也。

（《邶风·柏舟》）

注释

①匪：通“非”，不是。②转：转动，搬动。③威仪：容貌、仪态。④棣棣：娴雅雍容貌。⑤选（xùn）：同“巽”，屈挠退让。

译文

我的心并非石头，不能随便去滚转。我的心并非草席，不能任意来翻卷。容貌风仪，雍容娴雅，不能让人欺凌。

解读

这首诗用“石”“席”来比喻自己坚定不移的节操、坚定的意志，正气凛然。诗句中频繁用“不可”一词，形成了否定排比句，从而使这首诗气势雄健，有了自己独特的诗韵。

兰陵公主是隋文帝杨坚的第五个女儿。杨坚一生有许多子女，但他最钟爱的却是这个不仅聪明漂亮而且知书达理的女儿，毕竟相比其他姐姐的骄纵蛮横，兰陵公主更显温柔乖顺。然而这个最受父亲宠爱的公主，她的一生却是十分不幸的，尤其是她的婚姻。

起初，杨广曾向父亲进言，希望将兰陵公主许配给自己爱妃的弟弟萧玚。杨坚一开始同意了，可后来发现相比萧玚而言，河东的柳述更适合兰陵公主，于是他决定把兰陵公主嫁给柳述。

兰陵公主与柳述结婚之后，夫妻二人举案齐眉、相敬如宾，过得十分幸福。而兰陵公主虽然身份尊贵，却从不以皇室之女的身份骄傲自矜，对公婆十分孝顺，甚至在婆婆生病的时候亲自侍奉汤药，令婆婆十分感动。兰陵公主的幸福生活也让其父亲杨坚十分开心。另一方面，柳述的能力充分得到了杨坚的认可，柳述与公主结婚之后，就不断受到杨坚提拔，最后官至兵部尚书。

可是，柳述的不断升迁却为杨广所忌恨。

公元 604 年，杨广登上皇位做了皇帝。昏庸无道的杨广刚坐上皇帝的宝座，就下令将柳述贬官，并流放到岭南龙川。那里环境恶劣，荒无人烟。为此，兰陵公主多次哀求杨广放了自己的丈夫，但杨广拒绝了。

于是兰陵公主上书杨广，请求将其公主的封号免除，与柳述一同流放。杨广大怒，质问她：“为何要死守一个柳述？难道这天下就没有其他男人了吗？”

公主流着泪回答：“我与柳述的婚事是父皇做的主。如今他虽被流放，可我知道他是被冤枉的。从前我们是恩爱夫妻，现在更不能在他遭流放的时候离开他。我情愿与他一同遭受这些苦难！”

然而公主的诚心并没有打动杨广，生性暴虐的杨广并未答应她的请求。自此，公主忧郁成疾，32 岁的时候就去世了。

临死之前，她再次上书杨广，恳请他日后能将自己葬在丈夫身边。她说：“我活着的时候不能与柳述共患难，只希望死后能与他相守！”

可是公主的信让杨广更加震怒。公主死后，他只是简单地为其办了丧事，将她埋在了洪渎川。夫妻二人至死也未能再见一面。

兰陵公主对丈夫忠贞不渝，不因灾难而改变，令人感动。

原文

死生契[①]阔[②]，与子成说[③]：执子之手，与子偕老。

（《邶风·击鼓》）

注释

①契：合。②阔：离。契阔：聚散。③成说：订立诺言、誓约。

译文

无论生死聚散，我曾经对你有这样的承诺：拉着你的手，和你一起老去。

解读

这首诗表达了忠贞不渝的情感。“执子之手，与子偕老”，这是分别时许下的庄严承诺。“怨”便是《击鼓》这首诗的主要情感和总体格调，因为战争使亲人分离，使家人难以团圆，甚至还剥夺了人们的生命，所以，这首诗流露出了激烈的厌战情绪。

晏子名婴，字仲，是春秋时期齐国人，才智过人，任齐灵公、齐庄公和齐景公三朝上大夫。

晏子十分反对穷奢极欲，铺张浪费，因而在担任上大夫的时候不仅对自身要求严格，廉洁奉公，而且对君王提出实行“善政”的建议，以减少百姓的赋税，减轻人民的负担。

齐景公有一个非常宠爱的女儿，她十分欣赏晏子的为人，于是便向齐景公提出要求，要嫁给晏子。然而晏子已经有了妻子，齐景公没办法，只得到晏子家中提亲。

晏子看君王到自己家来了，连忙准备酒菜招待。酒过三巡，齐景公看见晏子的妻子端着菜出来，便故意问晏子："这是你家的仆妇吗?"晏子恭敬地回答："这是老臣的妻子。"齐景公假装吃惊地说："你的妻子怎么又老又丑？她根本配不上你。这样吧，我有一个女儿，不仅年轻，而且聪明漂亮。我十分宠爱她，现在还没有为她找到合适的丈夫。我现在就把她许配给你!"

晏子一听，连忙离开座位，对齐景公行了个礼，说："君主的恩赐，作为臣子的我原本不应该拒绝。但是我的妻子年轻的时候就嫁给了我，那个时候的她也很漂亮，只是因为和我在一起这么多年才渐渐变老的。她与我共患难半辈子，我又怎能在她年老色衰的时候将她抛弃呢？所以请恕我不能答应。"就这样，晏子拒绝了齐景公的要求。

晏子感恩患难之妻，不忍抛弃，与之白头偕老，成为夫妻互尽忠诚的典范。

原文

相[1]鼠有皮，人而无仪[2]！人而无仪，不死何为？相鼠有齿，人而无止[3]！人而无止，不死何俟[4]？相鼠有体，人而无礼！人而无礼，胡[5]不遄[6]死？

（《鄘风・相鼠》）

注释

①相（xiàng）：视，看。②仪：威仪。③止：假借为“耻”。无止，就是无所不为，不知廉耻。④俟（sì）：等。⑤胡：何。⑥遄（chuán）：快。

译文

你看老鼠都有皮，人却没有威仪！人如果没有威仪，不去死还干什么？你看老鼠都有牙齿，人却不知廉耻！人如果不知廉耻，不去死还等什么？你看老鼠都有肢体，人却没有礼仪！人如果没有礼仪，为什么还不快死？

解读

诗人以丑陋又狡黠而且惯于偷窃的老鼠来比喻卫国的“在位者”，痛斥他们还不如老鼠，并且诅咒他们早死，因为他们做了太多卑鄙龌龊的勾当，道德伦理极度沦丧，所做之事丑恶至极、无耻至极。“无仪”说的是他们的外表，“无止（耻）”说的是他们的内心，“无礼”说的是他们的行为。诗篇三章重叠，尽情怒斥，尖刻讽刺，情感强烈。

原文

君子[①]于役[②]，不知其期。曷[③]至[④]哉？鸡栖于埘[⑤]。日之夕矣，羊牛下来。君子于役，如之何勿思！

（《王风·君子于役》）

注释

①君子：妻子对丈夫的称呼。②于役：在外地服役。③曷（hé）：何时。④至：归家。⑤埘（shí）：在墙壁上挖洞砌成的鸡窝。

译文

丈夫远出服役，不知行期有多长。何时才能回归故里？你看鸡都回窝了。太阳偏西，牛羊也下山歇息。丈夫远出服役，如何能不相思！

解读

这首诗描绘了一幅乡村晚景图：夕阳即将落下，鸡、牛、羊等家禽也缓缓回到家中，一位妇人看着远处蜿蜒延伸的道路，等待着丈夫回家，但却迟迟未能见到丈夫的身影。诗人以此来表达女主人公对外出服役的丈夫的思念之情。诗歌语言朴素，没有用任何形容词来加以修饰，但所描绘出的画面却有着特别的情味，并且很感人，女主人公浓浓的愁思触动着读者的心灵。

原文

青青子衿[①]，悠悠我心。纵我不往，子宁不嗣音[②]？青青子佩[③]，悠悠我思。纵我不往，子宁不来？挑兮达兮[④]，在城阙[⑤]兮。一日不见，如三月兮。

（《郑风·子衿》）

注释

①子：男子的美称，这里即指“你”。衿：即“襟”，衣领。②嗣（yí）音：传音讯。嗣，通“诒”，给、寄的意思。③佩：佩玉的带子。④挑（táo）兮达（tà）兮：独自来回走动的样子。⑤城阙（què）：城门两边的观楼。

译文

你的衣领色彩青青，我的心境悠然感伤。纵然我不曾去会你，难道你就此断音信？你的佩带色彩青青，我的情怀悠然感伤。纵然我不曾去会你，难道你不能主动来？独自来回，行走在高高的城楼上。一天不见你的面，好像已有三月长！

解读

这首诗描写女子在城楼上等待恋人的心理活动，以想起恋人“青青子衿”“青青子佩”的衣饰，流露自己的相思之情。因为没能与恋人相见，以“纵我”与“子宁”来表明心中满是惆怅与幽怨，只好万分焦灼地等候恋人过来相会。末尾“一日不见，如三月兮”是女主人公的内心独白，诗人在这里运用了夸张的修辞技巧，将这位女子强烈的心理情绪彻底表达出来。

原文

硕鼠硕鼠[①]，无[②]食我黍[③]！三岁[④]贯[⑤]女，莫我肯顾。逝[⑥]将去[⑦]女[⑧]，适彼乐土。乐土乐土，爰[⑨]得我所[⑩]。

（《魏风·硕鼠》）

注释

①硕鼠：大田鼠。②无：毋，不要。③黍（shǔ）：一种谷物。这里泛指庄稼。④三岁：多年。三，非实数。⑤贯：侍奉。⑥逝：通“誓”，发誓。⑦去：离开。⑧女：同“汝”。⑨爰（yuán）：于是，在此。⑩所：处所。

译文

大田鼠呀大田鼠，不要吃我种的黍！多年伺候你，你却对我不照顾。我发誓一定要摆脱你，去那幸福快乐的地方。乐土啊乐土，才是我安乐的住所。

解读

这首诗以“硕鼠”来比喻贪婪可憎的奴隶主剥削阶级，并警告他们“无食我黍!”，表达人们对其愤恨之情。“三岁贯女，莫我肯顾”揭露了剥削者的贪得无厌，没有丝毫人情味。“我”养“汝”多年，“汝”既没有照顾“我”，又不曾给予恩惠或安慰，揭示了“我”与“汝”的对立关系。这里的“我”“汝”代表的不是个人、个体，而是群体或阶层。后四句诗表明诗人在认识到“汝”“我”关系的对立后，下决心反抗，以挣脱压迫和剥削。

原文

蒹[1]葭[2]苍苍[3]，白露为[4]霜。所谓[5]伊人，在水一方。溯洄[6]从之，道阻[7]且长。溯游[8]从之，宛在水中央。

（《秦风·蒹葭》）

注释

①蒹（jiān）：没长穗的芦苇。②葭（jiā）：初生的芦苇。③苍苍：鲜明、茂盛的样子。④为：凝结成。⑤所谓：所说的，此指所怀念的。⑥溯洄（sù huí）：逆流而上。⑦阻：障碍。⑧溯游：顺流而下。

译文

河边芦苇茂盛，深秋露水结成了霜。我所想念的人，远在河水那一方。逆着流水去找她，道路险阻又太长。顺着流水去找她，仿佛她就在那水的中央。

解读

在这首诗中，诗人上下追寻心上人，可见而不可求，内心渴慕。诗中的景象似有若无，恰如水中月、镜中花，反映了诗人的心境。这样的情境是由过去的许多类似经历、类似感受综合、虚化而成的，因此十分空灵，“在水一方”“宛在水中央”，虽隐约可见却遥不可及。诗中呈现出种种意象，塑造出完整的意境。

原文

兄弟阋[①]于墙，外御[②]其务[③]。每有良朋，烝[④]也无戎[⑤]。……妻子好合，如鼓瑟[⑥]琴。兄弟既翕[⑦]，和乐且湛[⑧]。

（《小雅·常棣》）

注释

①阋（xì）：争吵。②御：抵抗。③务：通“侮”。④烝：通“陈”，久。⑤戎（róng）：帮助。⑥瑟（sè）：乐器。⑦翕（xì）：聚合。⑧湛（dān）：深厚。

译文

兄弟在墙内相互争吵，却能同心抗御外侮。虽然结交良朋好友，久而久之却无人帮助。……与妻子情投意合，像琴瑟一样协和。兄弟在此相会，祥和欢乐，情谊深厚。

解读

这首诗是中国诗史上最先歌唱兄弟友爱的诗作，兄弟在墙内发生口角，遇到外侮，仍然能够团结一致对外，表现了自然、真挚的手足之情。后四句诗描写的是家庭聚会，呈现阖家团圆、幸福和谐、其乐融融的场面。这是把情与理融进境中，使之富于理趣的典范。“兄弟阋于墙，外御其务”，也成为千古传唱的佳句，深刻地影响了后世“兄弟诗文”的创作。

原文

嘤[1]其鸣矣，求其友声。相[2]彼鸟矣，犹求友声。矧[3]伊人[4]矣，不求友生？神之听之[5]，终和且[6]平。

（《小雅·伐木》）

注释

①嘤（yīng）：鸟鸣声。②相：审视，端详。③矧（shěn）：何况。④伊人：这些人。⑤听之：听到此事。⑥终……且……：既……又……。

译文

小鸟嘤嘤鸣叫，只是为了求得知音。仔细端详那小鸟，尚且求取朋友相知相亲。何况我们这些人，岂能不重视友情？天上神灵请聆听，赐给我和乐与宁静。

解读

诗人描绘了一个孤独的伐木者置身于只有鸟鸣与伐木之声的空旷之地的情境。这是诗人借景抒情，虚拟这样的情境只为抒发内心的苦闷。最后，诗人还是面对这冷酷的现实世界，号召人们共同改变现实。在冷酷的现实世界，亲情和友情更显得重要，而“嘤鸣”一词比喻朋友间的同气相求或意气相投。

原文

菁菁[①]者莪[②]，在彼中阿[③]。既见君子，乐且有仪[④]。菁菁者莪，在彼中沚[⑤]。既见君子，我心则喜。

（《小雅·菁菁者莪》）

注释

①菁（jīng）菁：草木茂盛。②莪（é）：莪蒿，又名萝蒿，一种可吃的野草。③阿：山坳。④仪：仪容，气度。⑤沚（zhǐ）：水中小洲。

译文

莪蒿葱茏又繁茂，生长在山坳之中。已经看见了那位君子，快快乐乐，仪表堂堂。莪蒿葱茏又繁茂，生长在小洲之中。已经看见了那位君子，我的心里很欢喜。

解读

“在彼中阿”“在彼中沚”的植物，除了“莪”，当然还有很多，这里举“莪”做代表，以“菁菁者莪”起兴。前两句诗写女子在莪蒿茂盛的山坳里，邂逅了一位性格开朗活泼、仪态落落大方、举止从容潇洒的男子，两人一见钟情，在女子内心深处引起了强烈震颤。后两句诗写两人又一次在水中沙洲上相遇，诗人用一个“喜”字写怀春少女既惊又喜的微妙心理。

原文

它山之石，可以攻玉[1]。

（《小雅·鹤鸣》）

注释

①攻：琢磨。攻玉：将玉石琢磨成器。

译文

别的山上的石头，能够用来琢磨玉器。

解读

玉，是温润的物品，如果用两块玉石来互相琢磨，肯定磨不成美玉，必须用粗糙的砺石才能磨出美玉。这句诗后来喻指可以借鉴他人的做法或听取他人的意见，从而使自己减少错误和改正缺点。北宋鸿儒邵雍认为，君子的德行成就离不开小人的处处侵犯欺凌，小人的做法恰如砺石，而美玉是经过了砺石琢磨才成就的，君子也是这样，经历种种磨炼之后，成为品行高尚的人。

西楚霸王项羽之所以在楚汉之争中败北，并不是他的实力不够，而是因为他刚愎自用，不愿听取他人的意见，以致最终众叛亲离，不得不自刎于乌江。项羽在临死时还不愿承认自己的错误，认为是“天之亡我”。

三国名将周瑜，心胸狭隘，嫉贤妒能，以致错失了联蜀抗魏的机会。可他还是不知道反省，反而感叹：“既生瑜，何生亮?”终致英年早逝。

这两个例子，都说明听不进他人的意见，不知反省改过，就会导致败亡。

原文

不敢暴虎[1]，不敢冯河[2]。人知其一，莫知其他[3]。战战[4]兢兢[5]，如临深渊，如履薄冰。

（《小雅·小旻》）

注释

①暴虎：空手打虎。暴：搏。②冯（píng）河：徒步涉水过河。③其他：指种种祸患。④战战：恐惧的样子。⑤兢兢（jīng）：谨慎小心的样子。

译文

不敢赤手空拳去打老虎，也不敢徒步涉水过河。只知道这种危险，不知道其他隐患。要小心谨慎，如同走在悬崖峭壁的边缘，如同走在薄冰上。

解读

这是一首政治抒情诗，诗人在忧心忡忡、如临深渊、如履薄冰地为国事操心，表现了诗人具有比较深厚的爱国情感。这几句诗也比喻为人处世要谨慎。其中，“战战兢兢，如临深渊，如履薄冰”，生动形象、寓意鲜明，写出了自己焦虑万状的心态，广为后世所引用，早已成为著名的成语。又如，“暴虎冯河”一词，比喻有勇无谋，鲁莽从事，也是一个著名的成语。

三思而后行，考虑好与坏的结果，预知各种可能性，做好应对各种可能发生的情况的准备，小心谨慎，切忌急躁、轻率、鲁莽、冒失、张狂。

谦虚谨慎的对立面就是骄傲张狂，骄傲张狂不仅阻断了自己前进的道路，而且导致自己走向毁灭。圣贤教诲：“贪满者多损，谦卑者多福。”“自伐者无功，自矜者不长。”“骄淫矜侉，将由恶终。”“富贵而骄，自遗其咎。”“自见者不明，自是者不彰。”“伐矜好专，举事之祸也。”“失败是成功之母，成功也是失败之母。”面对着喝彩、鲜花、笑脸和掌声，有些人会得意忘形，头脑发热。成功者容易骄傲，骄傲者又陷入失败。

晏子是春秋时代的齐相，地位显赫，但为人低调、谦逊。晏子奉命出使晋国时，齐景公看到晏子住宅简陋，便下令拆邻居住宅，扩建晏子住宅。晏子回来时，住宅已建好了。晏子首先拜谢景公，然后拆掉侵占邻居地盘的新宅，重新照原样修建邻居的住宅，请邻居都搬回来住。晏子出使晋国，到中牟邑，遇见囚犯越石父。他知道越石父有才，便为他赎身，带着他回来。到家时，一时疏忽，忘记跟越石父打招呼，便进家去了。越石父认为晏子没有礼貌，很是生气，要同他绝交。晏子谦卑地向他谢罪，待之为上宾。

晏子的谦逊也感化了周边的人。有一天，晏子乘车外出时，恰好路过车夫的家，车夫的妻子从门缝里看到，自己的丈夫为晏子驾车时，撑起车上遮蔽阳光的大伞，挥鞭催马，一副趾高气扬、洋洋得意的神情。

车夫驾车回到家，妻子就向他提出了离婚的要求。当时妻子提出离婚是极其罕见的事。车夫不解，问其故。妻子说：“想那晏子虽然身高不满六尺，却做了齐相，名扬天下，显赫于诸侯。我今天看他外出，虽然胸怀大志，满腹韬略，却总是态度谦和，显得十分谦虚。而你身高八尺，不过做人家车夫，却神气十足，不可一世，自认为很得意了。看你这样，我实在不愿再和你生活在一起了。”车夫听了妻子的话后，立即认错，发誓改掉自己傲慢的态度，做到谦虚谨慎。从此，车夫的态度就越来越谦虚了。

晏子看到车夫有很大的变化，感到非常奇怪，于是询问车夫原因。车夫如实回答。晏子听后，十分感慨，后来推荐车夫做了大夫。

地位高者常常因位高而傲，因傲而倾覆。晏子位高而有谦虚之德，故能成为名相。

原文

悠悠昊天[①]，曰父母且[②]。无罪无辜，乱如此怃[③]。昊天已威[④]，予慎[⑤]无罪。昊天泰怃[⑥]，予慎无辜[⑦]。

（《小雅·巧言》）

注释

①昊（hào）天：老天，苍天。②且（jū）：语尾助词。③怃（hū）：大。④威：暴虐、威怒。⑤慎：确实。⑥泰怃：太糊涂。泰，通“太”。怃，怠慢，疏忽。⑦辜（gū）：罪。

译文

高远浩大之苍天，如同人之父与母。我没有罪也没有过，竟然遭遇大祸。苍天已经发威怒，但我确实没错处。苍天不察太疏忽，但我确实是无辜。

解读

这首诗的主题是忧谗忧谤，同时揭露了谗言惑国的卑鄙行径。诗人应是饱受谗言之苦，全诗写得情感异常激愤，通篇直抒胸臆，毫无遮拦。此诗虽然是从个人遭谗入手，但并未落入狭窄的个人恩怨之争，而是上升到谗言误国、谗言惑政的高度加以批判，因此，不仅感情充沛，而且带有普遍的历史意义，这正是此诗能引起后人共鸣的关键所在。

原文

蓼蓼[①]者莪[②]，匪[③]莪伊[④]蒿[⑤]。哀哀[⑥]父母，生我劬劳[⑦]。蓼蓼者莪，匪莪伊蔚[⑧]。哀哀父母，生我劳瘁[⑨]。

（《小雅·蓼莪》）

注释

①蓼蓼（lù）：长而大的样子。②莪（é）：莪蒿，也叫萝蒿、抱娘蒿。③匪：同“非”。④伊：是。⑤蒿（hāo）：蒿类植物的统称。⑥哀哀：悲伤悔恨的叹词。⑦劬（qú）劳：辛苦操劳。⑧蔚：牡蒿。⑨瘁：劳累，憔悴。

译文

看那莪蒿长得高，我却不像莪蒿而像是一般的蒿。可怜我的爹与娘，生我养我太辛劳！看那莪蒿相依偎，我却不像莪蒿而像是牡蒿。可怜我的爹与娘，生我养我太劳累！

解读

这几句诗写的是父母生养“我”辛苦劳累。莪香美可食用，并且环根丛生，故又名抱娘蒿，喻人成材且孝顺。蒿与蔚，皆散生，蒿粗恶不可食用，蔚既不能食用又结子，故称牡蒿，蒿、蔚喻不成材且不能尽孝。诗人有感于此，借以自责不成材又不能终养尽孝。后两句感慨父母养大自己不易，费心劳力，吃尽苦头。

父母之恩有生之恩、养之恩、爱之恩、教之恩。一个不懂得感天地之恩的人，就很难懂得感父母之恩；一个不懂得感父母之恩的人，就很难懂得感他人之恩。一个不懂得感恩的人，就无法进入仁爱的境界。

人不同于其他动物，在幼年时期和晚年时期，都是十分脆弱的，需要有特别的爱护、供养才能生存下去。而且，人类社会的复杂性远远超过动物世界，人在幼年时代如果没有接受良好的教育，培养良好的品德，就很难生存下去，甚至会走向自我毁灭。基于这种理由，先秦儒家讲父慈子孝。父慈子孝是父母仁慈、子女孝敬的简称。父慈与子孝同等重要，在强调子孝的同时，也强调父慈。

父慈子孝是一种伦理关系，而不是纯粹的利益关系，也不是简单的法律关系和契约关系。从功利关系上考虑，父慈与子孝两方面是施恩与报恩的关系，可以相互促进，父母生儿育女是为了养老送终，子女养老送终以报答父母之恩。但是，从伦理关系上来说，一旦建立父母与子女的关系，当中任何一方就应当尽道德义务，而不管对方做得如何。

先秦儒家将父慈与子孝并举。儒家讲的仁爱之道，用之于父，即父慈；用之于子，就是子孝。但是，传统专制社会和宗族社会，过于强调等级尊卑，常常单方面强调子孝，而不强调父慈。忽略了父母尊长在父子关系中应尽的伦理义务，在实践中就会出现问题。世俗中所谓“天下无不是的父母”“父有不慈而子不可以不孝”“父要子亡，子不得不亡”等，均是对“父慈子孝”观念的违背。

原文

瓶[1]之罄[2]矣，维罍[3]之耻。鲜[4]民[5]之生，不如死之久矣。无父何怙[6]？无母何恃[7]？出则衔[8]恤[9]，入则靡至。

（《小雅·蓼莪》）

注释

①瓶：酒器。②罄（qìng）：尽，光。③罍（léi）：盛水器具。④鲜（xiǎn）：孤，寡。⑤民：人。⑥怙（hù）：依靠。⑦恃（shì）：依靠，依赖。⑧衔（xián）：含。⑨恤（xù）：忧愁。

译文

小瓶的酒倒光了，是大酒坛的耻辱。孤苦伶仃的人活着，还不如早早死去。没了父亲，我依靠谁？没了母亲，我依靠谁？出门在外，心中充满忧伤；踏进家门，不见父母的影子。

解读

瓶、罍都为酒器，小者为瓶，大者为罍，小瓶没有了酒，大瓶亦引以为耻，比喻关系密切，相互依存，彼此利害一致。这首诗倾诉失去父母后的孤身生活与感情折磨，悲叹孤苦伶仃，失去父母，没有了家庭的温暖，无所依傍，同时寄托对父母的思念。

李密是晋朝人，他的父亲在他很小的时候就去世了，母亲也改嫁了他人，是祖母刘氏将他拉扯成人的。

李密长大之后，晋武帝听说了他的才华，下诏封他为太子洗马。然而为了赡养自己的祖母，李密谢绝了朝廷的任命，并写了一封《陈情表》说明家中的情况。李密在《陈情表》中这样写道：在自己六个月的时候，父亲就去世了；四岁的时候，母亲在舅舅的逼迫下不得不改嫁。从此他失去了可以依傍的人，是祖母刘氏不辞辛劳把自己抚养成人。李密小的时候，身体虚弱，经常生病，甚至到了九岁的时候还不会走路。年迈的祖母天天喂他吃饭，夜夜给他盖被。在祖母的精心照料下，他好不容易长大成人，而祖母却年老体弱，卧病在床，他必须每天守在祖母身边端汤送药，照顾祖母。李密这样说："如果当初我没有祖母的悉心照料，那么我就绝不可能活到今天；现在祖母如果离开了我，也没办法安享晚年。我今年四十四岁，而祖母今年已经九十六了。这样算来，我替陛下尽力的日子还很多，可照顾祖母的时间却太少了。因此我希望能守在祖母身边尽孝。"

武帝看完《陈情表》，被李密的孝心感动，赐给他两个奴婢帮忙照顾他的祖母，同时下令让当地地方官供给李密的祖母赡养费，直到他的祖母去世之后才让他出来做官。

祖母对李密的抚养，是大恩大德，李密对祖母的照料，是感恩报恩。

原文

父兮生我，母兮鞠①我。拊②我畜③我，长我育我，顾④我复⑤我。出入腹⑥我。欲报之德，昊⑦天罔⑧极！

（《小雅·蓼莪》）

注释

①鞠（jū）：抚养。②拊（fǔ）：通“抚”，抚摸。③畜：喜爱。④顾：顾念。⑤复：返回，指不忍离去。⑥腹：指怀抱。⑦昊（hào）天：昊天上帝。⑧罔（wǎng）：无。

译文

父亲母亲，生我养我，抚慰我，疼爱我，养我长大，培育了我，顾念着我，不愿离开我，出入家门，都怀抱着我。想报父母大恩德，上天高远无极限。

解读

诗人一连用了生、鞠、拊、畜、长、育、顾、复、腹九个动词，将父母对“我”的养育抚爱具体化、形象化，让人深切感受到父母的艰辛以及对子女的付出，情真意切，如哭诉一般。最后感叹世事无常，父母离世，不得奉养，“我”未能报答他们的恩情，心中充满懊悔与遗憾。

四川省北川县发生地震之后，武警战士迅速赶赴灾区救援。他们在地震灾区一片倒塌的房屋下面发现了一具年轻女子的尸体。那位女子三十多岁，被发现的时候已气绝多时，她双膝跪地，两手撑在地上，身体早已被压得变形了。

正当救援人员为她奇怪的姿势感到不解的时候，却在她的身体下面发现了一个才几个月大的婴儿。婴儿浑身上下没有一点伤痕，此时正进入熟睡状态；而包裹他的被子里塞着一部手机，手机屏幕上显示出一条编辑好的短信：“亲爱的宝贝，如果你能活着，一定要记住，我爱你。”原来，在地震发生以后，这位年轻的母亲选择牺牲自己来保全孩子。看到这种情形，在场的武警无不为之感动落泪。

原文

靖共[①]尔位，好是正直。神之听之，介[②]尔景福[③]。

（《小雅·小明》）

注释

①共：通“恭”，恭敬，负责。②介：给予。③景福：大福。

译文

应该恭敬、谨慎地忠于自己的职责，与正直之士亲近相伴。神灵听到这一切，将赐予你们洪福祥瑞。

解读

这首诗直抒胸臆，将叙事与抒情融为一体，感慨久役难归、劳逸不均。所选的这两句诗，用于阐明人的责任意识。在一个团体中，要保持团体的生命力，就必须让团体中的每个人承担起自己的责任，做到“不失灵”，不能消极怠工。国际商业机器公司（IBM）集团总裁托马斯·沃森认为，企业的发展与每个员工的努力都是息息相关的，每个员工都可以使企业有所变化。企业里的每一个员工都对其他员工负有责任，就像互相咬合的齿轮，大家必须紧紧地连在一起，才能共同发挥作用。任何一个人没有承担起自己的责任，企业的发展就会受到严重的阻碍。不能拖延时间，不能敷衍了事，不能逃避责任，不能推诿，不能转嫁责任，不能找借口。一台机器正常运转，需要所有部件毫无故障地发挥作用，如果某个零件失灵，整台机器就无法正常运转。

南京的明城墙是我国目前保存比较完整的古城墙，这与其所用砖块的高质量密切相关。修筑城墙所用的砖块，都是由长江中下游附近的府（州）、县负责烧制的。当时朝廷规定，在砖的侧面除了刻上砖烧制的时间、负责的府县的信息之外，还必须刻上监造官、烧窑匠、制砖人、提调官（运输官）四人的名字。

之所以在砖上刻人名，用现在的话来说就是为了保证职责分明、责任到人。参与人员的名字都刻在砖上，由谁监督、由谁烧制等，一系列信息都十分清楚，不管是哪个环节出了问题，都很容易追踪到负责的人，谁也不能推卸责任。

正是因为其监督体系如此严格明确，所以无论是监造官、提调官，还是烧窑匠、制砖人，每一个人都兢兢业业、尽职尽责，每一道工序都十分严谨。最后交砖的时候还要经过一道更为严格的审查：检验官会命令两队士兵将砖捆起来相互撞击。撞击时，只有砖块声音铿锵有声，且清脆悦耳，而砖块并无破裂，才称得上合格；而一旦撞击时发生破碎断裂等，就要责令相关负责人重新烧制。

如此清楚的责任制度，保证了城砖的上乘质量，也才使得明城墙历经几百年的风雨，却始终屹立。

原文

祝[1]祭于祊[2]，祀事孔[3]明[4]。先祖是[5]皇[6]，神保[7]是飨[8]。孝孙有庆，报以介福，万寿无疆！

（《小雅·楚茨》）

注释

①祝：官名，即太祝，司祭礼的人。②祊（bēng）：宗庙门内设祭的地方。③孔：很。④明：备，指祭礼齐备。⑤是：代词，代指祊。⑥皇：借为"往"，来。⑦神保：对先祖神灵的美称。保，依。⑧飨（xiǎng）：享受祭祀。

译文

司仪首先祭于庙门之内，仪式隆重，井然有序。祖先降临，神灵前来享受祭祀。祖先神灵对孝顺子孙赐予吉祥，给予很大福分，保佑他们万寿无疆！

解读

这是一首祭祖祀神的乐歌，描写了祭祀的过程：人们仪态端庄，先将牛羊刷洗干净，宰剥烹饪，然后盛在鼎中奉献给神灵，祖宗神灵都来享用祭品，并且降福给后人。

昊天上帝是中华民族敬奉的至上神。地神又称为"后土"，与皇天合称为"皇天后土"。在封建时代，祭天祭地成为帝王的特权。历代帝王在泰山举行封禅大典，筑坛祭天为"封"，除地祭地为"禅"。也可以庙祭和郊祭的方式来祭祀天地。稷为五谷之神，古代将土地神和稷神合祭，合称社稷，社稷被视为国家的象征。

祭祀祖先是为了行孝感恩、怀念祖先、祈求祖先保佑。祭祀祖先在宗庙、祠堂、家中进行。在宗庙中，或在祠堂中，始祖居于正中的位置，始祖以下，第一代、第三代、第五代、第七代等奇数后代均称为“昭”，位列始祖之左。第二代、第四代、第六代、第八代等偶数后代均称为“穆”，位列始祖之右。一般民众在家中设立“天地圣亲师之位”，面对此牌位即可行祭祖之礼。

原文

维此文王①，小心翼翼②。昭③事④上帝，聿⑤怀⑥多福。

（《大雅·大明》）

注释

①文王：姬昌，殷纣时为西伯，又称西伯昌。②翼翼：恭敬谨慎的样子。③昭：通“劭（shào）”，勤勉。④事：服侍、侍奉。⑤聿（yù）：句首语助词。⑥怀：徕，招来。

译文

文王这位伟大的君主，恭敬而谦让。勤勉努力侍奉那上帝，带给我们无数的福祥。

解读

这是周王朝贵族为歌颂自己祖先的功德、宣扬自己王朝的开国历史而作的诗篇。

人有敬畏天地之心，才不会无法无天，大胆妄为。所谓“无法无天”，就是没有法律意识，也没有敬畏天地的意识。敬畏天地是维持人的道德品性与良善行为的重要信仰力量。老子说“天网恢恢，疏而不失”，民间说“老天有眼”“苍天在上”“人在做，天在看”，都是敬畏天地的意思。在中国广大地区，家家户户在正堂竖立“天地国亲师”或“天地圣亲师”的牌位，依礼焚香跪拜，就是培养敬畏天地、感恩天地的意识。

原文

鸢[①]飞戾[②]天，鱼跃于渊。岂弟君子，遐[③]不作[④]人？

（《大雅·旱麓》）

注释

①鸢（yuān）：一种凶猛的鸟，即老鹰。②戾（lì）：到，至。③遐：通“胡”，何。④作：造就，培养。

译文

老鹰飞上蓝天，鱼儿跳跃于深渊。好个君子，怎会不去培养人？

解读

《旱麓》是赞颂周文王的乐歌。“鸢飞戾天，鱼跃于渊”，显现出大自然的蓬勃生机，也象征着优秀的人才能够充分发挥他们的才智，现在常用“海阔凭鱼跃，天高任鸟飞”。

原文

皇[①]矣上帝，临[②]下[③]有赫[④]。监观四方，求民之莫[⑤]。

（《大雅·皇矣》）

注释

①皇：大，光明伟大。②临：监视。③下：下界、人间。④赫（hè）：显著。⑤莫：通“瘼（mò）”，疾苦。

译文

昊天上帝真伟大啊，洞察人间，威风赫赫。监察观照天地四方，发现民间疾苦灾殃。

解读

这首颂诗是周人叙述自己开国历史的史诗。上天以慈善为本，爱护众生，庇护有德之人，对良善之人施以善报。上天主持公道，为保护众生，惩罚邪恶之人，对于邪恶之人施以恶报。《尚书·商书·伊训》：“惟上帝不常，作善，降之百祥；作不善，降之百殃。”上天施行的天赏天罚，既在人生前，也在人死后。《墨子》的《天志》《明鬼》论证上天和鬼神能够“赏善罚恶”“赏贤罚暴”。墨子认为，不信鬼神，人们就没有敬畏之心，就会胡作非为，做出危害他人的事情。

原文

视尔友[①]君子，辑[②]柔尔颜，不遐[③]有愆[④]。相[⑤]在尔室，尚不愧于屋漏[⑥]。无曰不显，莫予云[⑦]觏[⑧]。神之格[⑨]思[⑩]，不可度[⑪]思，矧[⑫]可射[⑬]思！

（《大雅·抑》）

注释

①友：指招待。②辑：和。③遐：何。④愆（qiān）：过错。⑤相：察看。⑥屋漏：屋顶漏则见天光，暗中之事全现，喻神明监察。⑦云：语助词。⑧觏（gòu）：遇见，此指看见。⑨格：至。⑩思：语助词。⑪度（duó）：推测，估计。⑫矧（shěn）：况且。⑬射：通“斁（yì）”，厌。

译文

看你招待朋友，和颜悦色，不要有什么过错。看你独自处于室内，做事无愧于神明。没有什么不在神的面前彰显，不要认为人看不见。神灵降临，不可以预测何时发生，怎可厌倦懈怠。

解读

本诗讲的是一种“慎独谨微”的态度。

“独”是他人不知、己所独知的状态，主要有两种情况：一是个人独处、无人监督的情况；二是虽在他人面前，但他人不能察知而自己所独知的内心意念。朱熹说：“独者，人所不知而己所独知之地也。”（《大学章句》）又说：“如与众人对坐，自心中发一念，或正或不正，此亦是独处。”（《朱子语类》）所谓慎独，就是在他人不知、己所独知的状态下，在没有人监督的情况下，完全靠自己的良知与信仰约束自己，小心谨慎，戒除邪思邪念，“不愧于屋漏”，不在暗中做坏事，自觉遵守道德原则。慎独是儒家所倡导的一种道德修养方法，也是一种至高的道德境界。“微”是指事物或心念处于细微的状态，他人和自己都不易察知。“谨微”指的是对处于细微状态的事物或心念保持谨慎的态度，防微杜渐，不因善小而不为，不因恶小而为之。

总之，慎独谨微，即在任何环境、场合下，不论是人前人后，不论是明处暗处，不论大小精粗，都不离道义、坚守道义，不放纵、不越轨，高度警惕自己的每一个念头，高度关注自己的每一个行为，尤其是当恶念恶行还处在隐微幽暗之地不为他人所知时，就要及时加以制止，将外在的道德规范转变为内在的道德信念，实现真正的道德自律。曾子的“吾日三省吾身”，就是运用慎独的方法。汉代杨震面对企图贿赂他的人，说道：“天知，地知，我知，子知（你知）。”欧阳修修身的要求之一就是“事无不可对人言”，这就是慎独的境界。刘少奇对“慎独”做了更通俗的解释，他说：一个人在独立工作，无人监督时，有做各种坏事的可能，而不做坏事，这就叫“慎独”。

原文

投我以桃[①]，报之以李[②]。

（《大雅·抑》）

注释

①桃：比喻友好往来或互相赠送的东西。②李：同上。

译文

一方有所赠予，另一方就有所回报。

解读

这句诗可简称为投桃报李，比喻相互之间的赠送和回报，是礼尚往来的意思。人们常说：“滴水之恩，当涌泉相报。”怀着感恩之心，记住并报答别人的恩德，感恩别人的帮助，回报别人以善意，只有这样，相互融洽的关系才能够得以维持。

培养感恩意识，必须化解抱怨。感恩是生命中的阳光，抱怨是生命中的乌云。感恩与抱怨，相互消长。是感恩还是抱怨，主要是心态问题，绝不可养成“抱怨”的习惯。从自己的处境上来讲，多看看不如自己的人，体会他们的艰辛与苦难，就会化解抱怨的情绪。如果每天只看到别人比自己好的一面，就会不断产生嫉妒，不断产生抱怨。

同一事物有方方面面，如果以积极的心态看到其积极的一面，就产生感恩之心；如果以消极的心态看其消极的一面，就产生抱怨之心。抱怨之心一旦产生，会产生聚集效应，即在自己的内心深处，各种怨气会自动汇聚起来，像滚雪球一样越滚越大，最后形成抱怨的情结，将自己压垮。你所抱怨的人，通常并不能真切地、同步地感受到你的抱怨。所以，抱怨对自己的伤害远远超过对抱怨对象的伤害。

受人恩惠要谨记在心，时时心存感念。“来而不往非礼也”，要找恰当的时机回报。有的人在急需别人帮助时，什么样的好话都能说，得到帮助时，心里也很感激，但是时间一长，就全然忘却了，这是不对的。

原文

天生烝[1]民，有物[2]有则[3]。民之秉彝[4]，好是懿[5]德。

（《大雅·烝民》）

注释

①烝（zhēng）：众。②物：事物。③则：法则。④彝：常理，常道。⑤懿（yì）：美。

译文

上天降生众多人民，让他们有形体有法则。人民禀受正道，就能形成美德。

解读

人们认为这是最早的“性善论”。孟子在《孟子·告子》中引用这四句诗与孔子的阐释作为论“性善”的理论依据。自然之天是指人类生存的自然环境，包括天与地。自然之天与人的身体相对应。自然之天供养着人的身体，维护人的生命健康：“天地之生万物也，以养人。故其可适者以养身体，其可威者以为容服，礼之所为兴也。”（《春秋繁露·服制像》）人应当维护自然之天，辅助自然之天的化育流行，“赞天地之化育”（《中庸》）。

上天赋予人形体的同时，以其正道赋予人心，就形成人的善良本性，这种善良本性若能在后天得到滋养，就会形成美德。

原文

维[1]天之命，於[2]穆[3]不已。於乎[4]不[5]显[6]，文王之德之纯。

（《周颂·维天之命》）

注释

①维：语助词。②於（wū）：叹词，表示赞美。③穆：庄严粹美。④於乎：同“呜呼”，赞叹声。⑤不（pī）：借为“丕”，大。⑥显：光。

译文

上天之命运，多么庄严，生生不息。多么光辉显耀，文王的品德纯正无比。

解读

《维天之命》是为祭祀周文王而作，诗篇颂扬文王德配上天，对其纯美的品德顶礼膜拜。远古时代，在中原大地上，各个部落各有自己所信仰的神。在夏商时代，各部落统一起来，统辖百神的至上神显现出来，这便是“天”“帝”。中华民族的至上神灵便是昊天上帝。人们只能用占卜的方法了解上天的意旨，并根据上天的意旨行事：“先王有服，恪谨天命。”（《尚书·商书·盘庚》）孔子认为，天是关怀人世的主宰，他说：“获罪于天，无所祷也。”（《论语·八佾》）董仲舒重新强化了神灵之天的权威，并置于王权之上：“天者，百神之君也，王者之所最尊也。”（《春秋繁露·郊义》）按天人合一之理念，人人都有祭天之权。但是，后来祭天却成了最高统治者的特权。帝王祭天的目的在于以天命作为其政权存在的合理基础。中国人民的“敬天”意识，对于昊天上帝的信仰，是维护道德价值体系的重要精神支点。当今世界的传统宗教，多是在不同文化背景中展现神灵之天与人的灵魂的合一。

《左传》选读

简介

《左传》是我国古代现存最早的一部叙事详尽的编年史，全称《春秋左氏传》，是儒家“十三经”之一，与《春秋公羊传》《春秋穀梁传》合称“春秋三传”。《左传》具有极其重要的史料价值，是研究先秦历史的重要文献，也是研究先秦儒家思想的重要历史资料，其思想内容大多反映了儒家的政治理想和道德倾向，其中蕴含“民本”思想，强调等级秩序、宗法伦理与长幼尊卑之别。

《左传》相传是由鲁国史官左丘明著述完成。左丘明（约前502—约前422年），春秋末期鲁国都君庄（今山东省肥城市石横镇东衡鱼村）人。《左传》记录的是春秋时期的社会状况，其内容是从鲁隐公元年至鲁哀公二十七年（前722—前453年）中诸侯国之间的聘问、会盟、征伐、婚丧、篡弑等历史事件。

《左传》使得《春秋》的内容更加丰富，除了记述鲁国史实外，还记述了其他国家的历史；不仅记述政治大事，而且记述社会中其他领域的事情。《左传》的记史方法也不同于《春秋》，不是流水账式的简短记事，而是成体系、有结构的完整的叙事散文。

《左传》对后世的主要影响有两个方面，一是历史学方面，二是文学方面。《左传》在史学中是先于《史记》《汉书》的重要典籍。书中许多句子的写法被后人称为“春秋笔法”，因其基本都隐含着褒贬的意思，可以说是“微言大义”。它的叙事能力也超越了以往的所有著作，能够层次分明、有条有理地处理很多有着纷杂头绪和无数变化的历史大事件，深远地影响着后来的历史著作和文学著作的写作风格（如《战国策》和《史记》的写作），并形成了文史结合的传统。

原文

多行不义[①]必自毙[②]。

（《左传·隐公元年》）

注释

①不义：违反正义的事。②毙（bì）：扑倒，倒下去，引申为灭亡。

译文

做多了不义之事，必定灭亡。

解读

凡是作恶多端的人，都不会有什么好下场。但是，一味地坐等作恶者“自毙”是不明智的，而是应当根据具体情况与客观规律，勇于与恶势力抗争，应用智慧击退恶势力，并用合理的方式捍卫真理和道义。

郑庄公的母亲武姜，因为十分宠爱庄公的兄弟共叔段，最后造成了兄弟反目成仇的惨剧。

武姜在婚后生了两个儿子。长子出生时武姜受了惊吓，所以不喜欢他，取名“寤生”。武姜十分喜爱小儿子共叔段。

武姜多次在郑武公面前说小儿子的优点，说大儿子的不是，希望让小儿子继位，可是武公没有答应。武公死后，寤生继位，是为庄公。武姜逼着郑庄公把险要的制地封给共叔段。可是制地十分险要，庄公并没有答应武姜。武姜又主张将京地作为共叔段的封邑。看到母亲的脸色有些不好，庄公无奈只好答应了。

谋士提醒庄公：“京地过大，将难控制。”庄公点点头，胸有成竹地说："多行不义必自毙。"

共叔段到京地后，仗着母亲武姜的支持，从不把尊君治民放在心上，而是招募勇士，加固城垣，囤积粮草，训练甲兵，扩展自己的势力，妄图夺权。郑庄公其实早就知道了这件事，他表面上不闻不问，暗地里做好了镇压的准备。

郑庄公二十二年（前722年），庄公探知共叔段偷袭国都日期，立即派公子吕率领战车二百乘去攻打京邑，共叔段众叛亲离，不堪一击，便逃到鄢地，庄公又攻打鄢邑，共叔段又狼狈地逃到共国去了。

原文

且夫贱妨[1]贵，少陵[2]长，远间[3]亲，新间旧，小加[4]大，淫破[5]义，所谓六逆也。君义，臣行[6]，父慈，子孝，兄爱，弟敬，所谓六顺也。去顺效逆，所以速祸也。

（《左传·隐公三年》）

注释

①妨：妨害。②陵：欺凌。③间（jiàn）：离间。④加：压迫。⑤破：败坏。⑥行：遵循，服从，照办。

译文

况且低贱的妨害高贵的，年轻的欺凌年长的，疏远的离间亲近的，新人离间旧人，弱小的压迫强大的，淫乱破坏道义，这是六件违理的事。国君仁义，臣下恭行，为父慈爱，为子孝顺，为兄爱护，为弟恭敬，这是六件顺理的事。背离顺理的事而效法违理的事，这就是很快会招致祸害的原因。

解读

原文是春秋时卫国大夫石碏规劝卫庄公不要太宠溺公子州吁的谏言。州吁是卫庄公宠姬所生的儿子，性情凶狠，喜好杀戮，经常伐猎，骚扰百姓，朝廷上下乃至民间都十分忌惮他。石碏作为臣子，勇于向卫庄公袒露肺腑之言，劝谏有理有据，分析鞭辟入里，很好地履行了臣子的义务。这样的劝谏之言体现出石碏忠贞爱国，心忧天下、心忧百姓的伟大情怀。

现代社会抛弃等级尊卑的观念，代之以平等的观念。在中国，夫妻关系、兄弟姐妹关系可以实现平等，而对于父母与子女的关系而言，人格上是平等的，法律关系上也是平等的，但人伦关系上，则依然需要坚持长幼有序、长尊幼卑。

长幼有序并不导致不公平，因为，每一个幼者，同时是将来的一个长者，每一个长者，同时是过去的一个幼者。所以，每个人既会享有作为幼者的“卑”，也会享有作为长者的“尊”。如果否定了长幼有序，否定了长辈在家庭中的权威，长辈在家中丧失了尊严，长辈的话没有人听，则极不利于父母对于子女的管教。甚至有一些家长视子女为“小太阳”，将长幼有序的关系完全颠倒过来，放纵子女，极不利于子女的成长。《淮南子·齐俗训》云：“公西华之养亲也，若与朋友处；曾参之养亲也，若事严主烈君。”公西华在人格平等基础上孝敬双亲，曾子则将父子关系建立在“有亲可畏”的前提下，这两种方式可以同时采用。母亲被称为“家慈”，父亲被称为“家严”，表明父母对子女，不仅有慈爱的一面，还应当有严格管教的一面。

原文

所谓道，忠于民而信[1]于神也。上思利民，忠也；祝史正[2]辞，信也。……夫民，神之主也。是以圣王先成民而后致力于神。

（《左传·桓公六年》）

注释

①信：取信。②正：真实不欺。

译文

所谓道，就是忠于人民而且信仰神灵。上边的人想着怎样对人民有利，这就是忠；祝史真诚祷告，这就是信。……人民，是神灵的主人，所以圣王先取信于民而后致力于祷告求神。

解读

鲁桓公六年（前706年），楚国想要侵伐随国，随国的大臣季梁识破了楚国的阴谋。季梁提出了“忠于民而信于神”的“民本”思想，认为人民是主体，神灵是附属。因此，贤明的君主最先考虑的是人民的利益，然后才去考虑祭祀神祇等事情。在这里季梁通过循循善诱的方式，论述了以民为本的思想。

明朝洪熙元年（1425年），仁宗刚即位不久，国家就发生了饥荒。当时山东、淮安、徐州一带的粮食严重歉收，但有关机构仍加紧征收税粮以应付朝廷的庞大开支，这一行为导致早已不堪重负的百姓怨声载道。

明仁宗知道这件事情，感叹“民可载舟，亦可覆舟”，这是关系着社稷安危的大事，若因为征收税粮导致民心涣散，那可是得不偿失啊！于是他决定免除粮食歉收地区的税粮，以稳定民心。

随后他便召见时任少保兼兵部尚书杨士奇，告诉他：“朕得知山东等地粮食歉收，老百姓连饭都吃不饱，哪有余粮交税呢？所以朕决定免除当地的税粮，你现在就帮朕起草一份诏书吧！”

听了皇上的吩咐，杨士奇心中疑虑重重。他有些担心，毕竟这件事情应该是由户部、工部负责，若自己替皇上起草诏书，是不是有越权的嫌疑？他仔细考虑之后，便对仁宗说：“这件事情恐需先与户部、工部商议，方才妥当啊！”

仁宗考虑了一番，认为如果让户部、工部裁决此事，恐怕他们会因为考虑国家用度不足而犹豫不决，一拖再拖，必定会贻误救灾大事。于是他果断地说：“此事你我二人决断即可！你现在就去起草诏书，若通过户部、工部，必定会拖延时间。救百姓如同救火一样，这样拖下去岂不误了大事？”

杨士奇还在犹豫。仁宗一看，便令随侍的太监取来纸笔，逼着杨士奇将诏书写了下来，接着便命人迅速将诏令传达下去，及时为发生灾荒的地方解决了困难；他施仁政、讲诚信的做法也受到了百姓的赞扬。

明仁宗采取利民之举，是忠于民的典型。

原文

公家之利，知无不为[1]，忠也。

（《左传·僖公九年》）

注释

①知无不为：知道了就尽力去做。

译文

公共的利益，知道了就一定要去做，这就是忠。

解读

原文是晋献公的大臣荀息在面对献公提出的“什么是忠贞?”时做出的回答。晋献公患病之后，召见荀息，嘱托荀息辅佐奚齐执政。于是，荀息便表明自己忠诚爱国的情怀。从荀息的回答中，可以看出他对君王、对国家忠心耿耿、矢志不渝。事实上，荀息确实也履行了自己对晋献公的承诺，最后把自己的生命献给了国家，实践了忠贞爱国。

可以根据“忠”的对象，将“忠”区分为公忠和私忠。公忠的对象是祖国、人民、正义事业。传统中国社会私德发达而公德淡薄，私忠发达而公忠淡薄。在封建等级森严、宗族社会发达的时代，关系网、利益网错综复杂，没有公民、人民，只有草民、子民，忠于人民就很难得到真正的落实。在现代民主法治社会中，存在着公共生活的广阔空间，公忠理应得到很好的发展，但是，功利主义与物质主义对公忠产生了很大的破坏作用：由于公忠对象的抽象性和广泛性，奉行公忠的人很难从其忠于的对象那里获得直接的现实利益和保佑。奉行公忠的人必须有奉献精神和牺牲精神。

原文

窃[①]人之财，犹谓之盗，况贪天之功以为己力[②]乎？

（《左传·僖公二十四年》）

注释

①窃：偷。②力：力量。

译文

偷别人的财物，还被叫作盗贼，何况是把天大的功劳都说成全凭了自己的力量呢？

解读

原文是介子推与其母亲的对话。介子推在对话中表明自己不贪求和不奢望禄位，同时也不认可国君晋文公对其追随者的封赏，认为是上下互相欺蒙。于是，介子推深感与他们很难相处，便选择与母亲隐居，也一直隐居到死。原文通过对话生动地表现出了介子推的性格，他有自己为人处世的原则和标准，不愿为权势而屈身，宁愿选择与母亲远离世俗、远离官场，清贫地度过余生。

晋国公子重耳长期流亡在外，好在他身旁有一批文武豪杰跟着他，不离不弃，让他渡过各种危机和灾难。有一年，重耳逃到卫国，饥饿难耐。他向农夫乞讨，可不但没要来食物，反而被农夫们调笑一番。后来，在重耳快饿晕过去时，还是介子推割下大腿的肉熬成汤给他吃，救了他一命。

重耳复国成功，是为晋文公。介子推不想去争功，托病在家，不去上朝。晋文公在论功行赏的时候，竟然把介子推给忘记了，经人提醒才想起来，便派人去请他。

这时，介子推已经隐居到绵山去了。晋文公亲自带人到绵山去找，一直都没有找到。晋文公心生一计，说："我知道他非常孝顺，如果我们用火烧山，他一定会背着老母亲来见我的。"晋文公便叫人在山前山后放火，周围绵延数里，火势三日后才熄灭。介子推还是不见踪影。最后，有人在一棵枯柳树下面发现了母子的尸骨，文公看到后大哭了一场，命人将其葬于绵山。

介子推不贪功，并不是嘴上说说，而是采取了实际行动。

原文

德义，利之本[①]也。

（《左传·僖公二十七年》）

注释

①本：根本。

译文

道德仁义，是正当利益的根本。

解读

原文是晋国在被庐举行大规模的阅兵仪式并商讨谁做元帅时，赵衰评价郤縠说的一段话。赵衰认为郤縠爱好礼乐，注重《诗经》《书经》，并认为《诗经》和《书经》是道义之所在。也就是说，郤縠是遵守德行道义的，能给国家带来利益。赵衰这样举荐郤縠，晋文公也认可了，就委派郤縠率领中军。

晋商十分讲究经营之道。明朝的王瑶、王现是蒲州王氏商业的创始人。王瑶践行"生财有道，行货而重义"，非常注重经商的方式方法，注重大义，喜爱读书，是一个有德有义的商人。王现回家探亲，发现自己家族中经商的人在买卖过程中出现了缺斤少两的情况。于是，王现就把他们带到了关帝庙，当着众人的面，重新核准秤杆的刻度，并在秤杆的最后头钉了三颗铜星，分别代表福、禄、寿。这表示，如果以后再有人缺斤少两，就是缺德之人，也会无福、破财、折寿。

道德仁义，才是正当利益的根本。

原文

忠，德之正[①]也；信，德之固也；卑让[②]，德之基也。

（《左传·文公元年》）

注释

① 正：纯正。② 卑让：谦让。

译文

忠，意味着德行的纯正；信，意味着德行的巩固；卑让，意味着德行有基础。

解读

穆王即位，派遣鲁国国卿公孙敖去其他国家出访，目的是延续与周边国家睦邻友好的关系，与邻国形成联盟，巩固与邻国之间的合作关系，从而保护自己的国家和人民。他这样做，是合乎忠、信、卑让等精神的，有利于在国家与国家之间形成团结、合作、信任的关系，使彼此立于不败之地。

关于德行纯正，有下面这样一个故事。

一天黄昏时分，太阳已经西沉，渡口空无一人，显得格外安静。突然而至的四个人打破了这份宁静，他们都想要过河。看着空荡荡的渡口，四人不由得心急如焚。

这时，远处一位打鱼的老人闯入了他们的视线，他们高兴地大声呼唤。老人走近后，他们表达了自己想要渡河的意愿。老人却告诉他们，船太小了，没办法载那么多人，只能载一个人过河，让他们自己决定载谁。

四个人都想过河，也都有自己的理由，谁都没办法说服谁，于是他们请老人来裁决。老人让他们把各自的理由说出来，看谁的理由能打动自己，就载谁过河。

“我先来!”其中一个人掏出一堆白花花的银子，他是个富商，“看到没有？这么多的钱，够你这辈子花吧，不用再去捕鱼了。只要你把我送过去，这些都是你的!”

“哼！你有钱又如何!”第二个人不满地说，“我是县官，我有权有势！你去打听打听，这方圆几十里，有谁敢得罪我?”

第三个人扬起了手中的剑，喝道：“你看看这个！我可是个武士，若是不载我过河，就别怪我手中的剑无情了!”

听了前三人的话，老人心中犹豫不决。这时，第四个人叹了口气，悠悠地开口：“我怎能不回家？我的妻子盼我归家，望眼欲穿；我那年幼的女儿日日啼哭，想要父亲；我的心中也牵挂着她们。我怎能不回家呢……”

老人也叹了口气，向第四个人挥挥手：“你上来吧!”

这个人十分欣喜，上船之后向老人表示了谢意，同时也表达了自己的疑惑。老人指了指自己的心，说：“我怎会不爱财?当然也怕那县官的权势，畏惧武士手中的剑。但我也有妻儿，他们也在等我!”

老人让第四个人上船，正是看到了他用心纯正。第四个人为他所展现的东西，正是他心中所向往的东西，他不得不听从心的呼唤。

原文

华而不实，怨之所聚也。犯而聚怨[1]，不可以定身[2]。

（《左传·文公五年》）

注释

①犯而聚怨：凌犯于人而又积聚怨恨。②定身：使自身得以安定。

译文

华而不实的人，会招来人们的怨恨。有这种缺点而积怨于人，不会有好结果。

解读

原文是本来跟随晋国阳处父的宁嬴，放弃跟随后，回答妻子问其缘由的话。宁嬴认为阳处父只具备豪爽和刚强一个方面，担心得不到他的好处，反而遭到祸患，所以便离开了他。阳处父太刚强了，他的刚强冒犯了别人，而且只说不做，是会招来怨恨的，宁嬴意识到了这一点，便毅然选择了离开。

华而不实就是虚伪，虚伪就是将自己的真实面目伪装起来、掩盖起来，包括虚假的名誉、虚假的程式、虚假的言语、虚假的德行等。身上有各种职称、学位、职务、头衔，但与自己的真才实学不相配，即成为虚假的名誉。各种社交、礼仪活动在进行的过程中必定依据一定的程式，但如果这些程式缺乏内在的精神，成为僵化的空洞的形式，就成为虚假的程式。言语不能反映说话者的内心想法和自己的真实情况，就是虚假的，是为了包装自己。有人高唱“大公无私”“无私奉献”“毫不利己，专门利人”的调子，却在利用别人的“无私”来成就自己的私。有人将所谓的德行在人前表现出来，或者是在有利于自己的情况下表现出来，而在人后或独处时就有相反的行为，或在不利于自己的情况下就有相反的表现。这些都是虚假的德行。不过，虽然真实的德行可以抑制个人的私欲，但不可能完全脱离合理的利己，也不能背离公正的原则。我们不应当再宣传“假大空”的道德，而是要建立平民道德。

原文

民生[①]在勤，勤则不匮[②]。

（《左传·宣公十二年》）

注释

①生：生计。②匮（kuì）：匮乏。

译文

老百姓的生计在于辛勤劳作，只有勤于劳作，财物才不会匮乏。

解读

原文是晋国的臣子栾书在阐述自己的见解时，引用的楚国国君告诫百姓的话。勤劳、勤奋不单单对于百姓是重要的，对于国家君主管理朝政也是十分重要的。在原文中，栾书说，楚国的国君在治理国家时善于教育民众，用先君若敖、蚡冒乘柴车，穿着破衣开辟山林的事迹来训导他们，激励人们勤劳奋进。

张芝，瓜州县（属今甘肃省酒泉市）人，是东汉时期著名的书法家。

幼时的张芝就十分喜爱书法艺术，尤爱流行一时的“章草”。他练习章草甚至达到了痴迷的程度。据史书记载，张芝家附近有一个清澈见底的大池塘，塘中的游鱼、沙石等清晰可辨。在池塘旁边有一块废弃不用的青石板，年代久远。张芝每天早早地就爬起来，到池塘边，趴在那块青石板上读帖。有时候一时兴起，就拿来毛笔蘸了水在青石板上写字。时间一久，青石板竟被他磨得光滑异常。

由于家境贫寒，张芝买不起专门用来写字的纸张。于是他就选择用树枝当笔，在地上练字，或者用毛笔蘸水在桌子上或木板上写。尽管如此，他的字进步还是很快。有一次，张芝将罩衫脱下来平铺到青石板上，取来笔砚，研好墨之后就在罩衫上兴致勃勃地写起了字。雪白的衣服上很快就写满了字，这些字龙飞凤舞，笔力纵横，上下字之间的笔势自然相连，既有章法，又有气势。

从那以后，张芝每天都拿着写满了字的衣服到池塘里洗，有时候他的母亲还会把家中一些不用的布帛找出来给张芝练习。由于张芝经常在池塘里清洗用来练字的布帛、衣物、砚台等，时间一久，池塘里的水都变成黑色了。

张芝花了很大的精力研究前代书法家们的作品，并以此为基础，创造出了“今草”，这种新字体更加易于辨认和书写。张芝勤学苦练的精神让人们十分敬佩，后人也将练习书法称为“临池”。

原文

义以生利，利以平民[①]。

（《左传·成公二年》）

注释

①平民：治理百姓。

译文

仁义用来产生利益，利益用来安定民众。

解读

原文是孔子的话，孔子认为只有器物和名号不能给别人，因为这是国君所掌握的，代表的是政权中的大节，如果给了别人，就是把政权给别人了。政权如果丢了，国家也就面临着灭亡。从这里，我们也可以看出，孔子重视礼、重视义，推崇以礼治国。

春秋时期，公仪休作为鲁穆公的相国，不仅很有能力，而且为人正直，受到鲁穆公的重用。公仪休有一个嗜好，就是特别喜欢吃鱼。

有一次，有个宾客要送给公仪休一条鱼，以为他会很开心。谁知，公仪休却拒绝了，宾客十分疑惑，问道："我听说您特别喜欢吃鱼，现在我送您一条鱼，您为什么不接受呢？"

公仪休风趣地说："正因为喜欢吃鱼，所以我才不接受。现在我是鲁国的相国，有钱给自己买鱼；如果接受了您的鱼而被免职，连官都做不成了，我哪里还有钱买鱼呢？所以，我才不接受。"

原文

信[1]以行义[2]。

（《左传·成公八年》）

注释

① 信：信用。② 义：道义。

译文

信用是用来推行道义的。

解读

原文是季文子对韩穿说的一句话。季文子认为汶阳之田是自己国家的领土，不应归还齐国，认为晋国不讲信用，不行道义。他说作为霸主必须依赖德行，如果朝令夕改，是不能长期得到诸侯的拥戴的。

秦池酒厂前身是山东临朐县酒厂，该酒厂在1996年以3.2亿的“天价”夺得中央电视台广告“标王”而声名鹊起。根据秦池酒厂对外通报的数据，1996年该企业销售收入达到9.8亿元，利税是2.2亿元，相比从前增长了5到6倍。

但是好景不长，从1997年开始，秦池酒厂的效益就在不断下滑，到了1998年就已经是负债经营了。原因是，秦池酒厂每年的原酒生产能力只有3 000吨左右，为了降低成本、提高利润，他们从四川收购了大量的散酒，在这些散酒中加上本厂的原酒和酒精，勾兑成低度酒，然后冠以“秦池古酒”“秦池特曲”等品牌销往全国市场。但终究纸包不住火，它的伎俩很快就被揭发了，并在全国引起轩然大波，人们纷纷对其行为进行遣责。

秦池酒厂背离了齐鲁商人重义守信的传统，为了既得利益不择手段，背信忘义，最终弄得声名狼藉，并被顾客抛弃了。

秦池酒厂所为，既背离了仁义，也背离了诚信，哪有不倒之理?

原文

若困民[①]之主，匮神乏祀[②]，百姓绝望，社稷无主，将安用之？弗去何为？……天之爱民甚矣。岂其使一人肆于民上，以从其淫[③]，而弃天地之性？必不然矣。

（《左传·襄公十四年》）

注释

①困民：使百姓生计困乏。②匮神乏祀：缺乏对鬼神的祭祀。③从其淫：放纵其邪恶。

译文

至于那种让人民穷困的君主，缺乏对神灵的信仰和祭祀，让百姓感到绝望，使国家没有希望，这样的君主怎么能继续做下去呢？这样的君主怎么能不抛弃呢？……上天非常爱护人民，怎么会让一个人凌驾于人民之上，以满足他过度的欲望，从而背离天地的本性？必定不会这样的。

解读

原文是师旷对晋悼公的劝谏之言。师旷是春秋时期著名乐师，擅长以音乐谏治国之道，政治上主张德与法并重，重视百姓的作用。师旷通过举例说明好的君主应该是怎样的，以及上天为什么要设立君主。师旷在这段答辩中，从不同的角度陈述君主的职责，劝谏晋悼公，要他善待臣下、广于纳谏、关爱百姓。

民生在勤
勤則不匱

歲次丙申年荷月 楊寶平

義以生利

利以平民

歲次丙申年荷月於京華

楊寶平

楊寶平

自強
不息

歲次丙申年孟秋人大附小十岁天霖书

桃園三結義
丙申 簡山

孔子主张："所谓大臣者，以道事君，不可则止。"（《论语·先进》）意即大臣要按照道义去帮助君王做事，如果不能坚守道义就应该弃官不做。

《孟子·滕文公上》中有"教人以善谓之忠"。孟子说："君子之事君也，务引其君以当道，志于仁而已。"（《孟子·告子下》）意即当君主与正道相冲突时，如果不能想办法让君主回归正道，就只能离开君主。

孟子认为当君王出现错误时，采取阿谀奉承的态度，就是犯罪："长君之恶其罪小，逢君之恶其罪大。"（《孟子·告子下》）正确的做法应当是，想办法去除君主内心的错误思想与邪念，使之返归正道。孟子认为："惟大人为能格君心之非。君仁莫不仁，君义莫不义，君正莫不正。一正君而国定矣。"（《孟子·离娄上》）如果君王有极大的罪恶而不知悔改，则可以让他离开君主之位："君有大过则谏，反复之而不听，则易位。"（《孟子·万章下》）如果君王是商纣王一样的暴君，则诛杀之亦不为过："闻诛一夫纣矣，未闻弑君也。"（《孟子·梁惠王下》）

原文

祸福无门①，唯人所召②。

（《左传·襄公二十三年》）

注释

①门：门径。②召：招致，导致。

译文

灾祸和幸运的降临没有定数，都是由人招致的。

解读

原文是闵子马劝公钽的话。公钽嫌父亲给自己的职位低，于是心中有了怨恨，闵子马对他进行劝说。原文中的“无门”有两种解释：其一，“没有自己出来的可能”，那么整句话的意思便是“祸福没有自己出来的，是福是祸，全是由自己招致的”；其二，“没有定数”，那么整句话的意思便是“灾祸或幸运没有定数，全由自己招致”。

虞孚种的漆树长成了。他用刀割漆树，得到了几百斛漆，并打算把漆运到吴国去卖。临走之前，虞孚妻子的哥哥对他说：“我听说卖漆的人，会把漆树的叶子煮成膏状，然后掺和到漆里面。这样获得的利益就会多出好几倍，并且别人还不会知道。”虞孚便按妻子的哥哥的话去做，他摘取漆叶，把它们煮成膏状，最后也得到了几百瓮漆，和其他的漆一起用车运到了吴国。

吴国的商人听说有人来贩卖漆，非常高兴，就到郊外去迎接虞孚，并亲自给他带路。到了吴都之后，他们盛情款待虞孚，还把他安排到条件很好的旅店里居住。吴国的商人们看到他的漆质量很好，纷纷约好几天之后就会拿钱来买漆。在交易进行之前，虞孚把煮好的漆叶膏掺入漆里面等着买主。约定的日期很快到了，吴国的商人来了以后，一看到他的漆瓮封口是新的，心里不禁疑惑。于是，他们又请求改变约定的日期，让漆在这里放二十天以后再买。

果然，过了二十天，虞孚的漆全部坏掉了。虞孚本想害别人，却最后害了自己。他没有钱，不能回家，于是就到处乞讨，最终死在了吴国。

作恶造假的虞孚，最后得到了该有的报应。

原文

太上有立德①，其次有立功②，其次有立言，虽久不废③，此之谓不朽。

（《左传·襄公二十四年》）

注释

①立德：树立德行。②立功：建立功业。③废：废弃。

译文

最上等的是立德，次一等的是立功，再次一等的是立言，即使时间久远，也不会被废弃，这就是“三不朽”。

解读

范宣子询问穆叔古人所说的“死而不朽”是什么意思，穆叔按照自己听闻到的对范宣子做出回答。穆叔认为，“三不朽”，即“立德、立功、立言”才是真正的不朽；而像范宣子的族亲那样，保存下历朝历代祖先的姓氏，守住宗庙，使祖先世世代代得到祭祀，这些都不能够成为不朽。所以，即便世世代代永享禄位，也不能算是不朽。

孔子之所以不朽，就是因为他的德行、他的功业、他的言论，直到现在，我们都还能看到、听到、感受到、用到。

这里有个例子，讲的是立功的问题。有的人急于求成，反而不能建立功勋。楚庄王在自己权力还没有稳固的时候，采取巧妙的伪装，一旦时机成熟，则果断采取措施。公元前 613 年，楚穆王去世，其子继位，是为楚庄王。楚庄王却不听大臣们的劝谏，日日饮酒作乐，丝毫不关心国家大事，同时还下令，不准任何人进谏，否则就要判其死罪。

就这样过了三年。一天，一个名叫伍举的大臣前来进谏。此时的楚庄王正由美人陪伴，坐于钟鼓之间。伍举上前见礼之后，就对楚庄王说："臣听说，阜地有一只鸟，三年的时间里却不飞不鸣，大王可知那是什么鸟?"楚庄王回答说："这只鸟三年不飞，一飞必定冲天；三年不鸣，一鸣必将惊人。我知道你想说什么，你先退下吧!"

从那以后，楚庄王一改常态，不再沉溺于酒色，而是任用伍举、苏从等人帮助自己治理国家，赏罚分明，楚国国人因此也十分高兴。在楚庄王的带领下，没过几年楚国就富强起来了，并在公元前579年大败晋国，确定了自己霸主的地位，而楚庄王也成为"春秋五霸"之一。

原文

有德[1]则乐，乐则能久。

（《左传·襄公二十四年》）

注释

①德：德行。

译文

有道德就会有快乐，有快乐才会长久。

解读

原文出自“子产告范宣子轻币”的故事，彰显了子产的劝谏有道以及外交才能。子产是春秋时的政治家，任郑国国卿；范宣子历晋悼公、平公二世，终任中军将，执掌国政。由于诸侯朝见晋国时缴纳贡品的负担很重，郑国也深受其苦。郑简公去晋国，子产于是拜托随行的子西带信给范宣子，劝他减轻诸侯朝聘负担。

要说对越王勾践帮助最大的人，就是范蠡。范蠡协助勾践雪会稽之耻，复兴越国。

勾践成为君主之后，想让范蠡就任重要的官职。但范蠡想了一下便拒绝了。随后，他便游走四国。因为范蠡十分有经济头脑，所以从事商品买卖赚了不少的钱财。很快，他便成为当时所在地齐国的首富，但这并不是他的最终目的，因为他知道当时有很多还没有摆脱贫困生活的百姓，便散尽自己的家财来救助、接济他们。

之后，范蠡又来到了陶地，自号陶朱公。他发现陶地的地理位置绝佳，处于齐、宋、卫国交界处，人流量很大，便再次经商。不久之后，又赚取了很多的钱财。之后，他看到了当地人民的贫困生活，心有不忍，便再次将自己赚取的钱财分散给百姓。

在范蠡的从商生涯中，共有三次散尽家财救助百姓的事迹，历史上称为“三散千金”。或许正是范蠡的仁爱心肠，对天下百姓的“怜悯”，让他长寿，享年 88 岁。

范蠡有仁爱之德，心无愧疚，所以感受到生命的喜乐，这是他长寿的秘密。

原文

有威而可畏[①]谓之威，有仪而可象[②]谓之仪。君有君之威仪，其臣畏而爱之，则而象之[③]，故能有其国家，令闻长世[④]。臣有臣之威仪，其下畏而爱之，故能守其官职，保族宜家。

（《左传·襄公三十一年》）

注释

①有威而可畏：有威严而使人生畏。②有仪而可象：有仪表而使人仿效。③则而象之：以之为准则而且仿效。④令闻长世：好名声流传于后世。

译文

有威望而且可以让人畏惧才叫威严，有仪容而且可以让人效仿才叫仪表。君王有君王的威仪，他的臣子敬畏他而爱戴他，以他为榜样而效仿他，所以他能拥有这个国家，并且能够使之长治久安。臣子有臣子的威仪，他下面的人敬畏他而爱戴他，所以能够守护他的官职，保护他的家族并使之和睦。

解读

原文是北宫文子回答卫襄公问什么是威仪时说的一段话。北宫文子认为上级有威仪的话，就会得到下属的敬畏和爱戴。他还认为君子在位时要让人敬畏，施舍时要让人爱戴，进退要作为人们的典范，处世要成为人们的榜样，举止要让人感到优美，做事要为人做出榜样，德行要值得让人效仿，言语要让人高兴，动作要斯文典雅，说话要条理清晰而且明确。这样来对待自己的下属，才叫有威仪。

身体力行，率先垂范，以身作则，才能给别人树立正面的形象。在给别人提出道德要求的时候，要先想一想，自己是否已经做到了，别人是如何看自己的。当别人接到要求时，他就会先看你是否按这一道德要求去做了。如果看到你做了，他才会心悦诚服，愉快地按照你的要求去做。如果他看到你只说不做，只要求别人而不要求自己，他就会产生抵触、厌恶情绪。

在道德、义务、责任方面，要先己后人，自己先做，再去要求别人；而在荣誉、利益面前，则要反过来，先人后己，将荣誉、利益让给别人，自己退在后头。

美国一家调查公司曾发布一个调查结论称，美国公司的失败85%以上源于决策失败。决策失败最主要的根源是领导者的德与能出现问题。在企业中，各级管理者带头去做，这是对员工最好的激励。一个无能无德的领导者，是不能实施有效的组织管理的。领导者要自尊、自重、自信，才能树立良好形象。而中国企业家，则应当具备独立自主、创新进取、爱国爱民、公正廉明、以义制利、以人为本、以和为贵、克勤克俭的精神。

领导者的所作所为对员工发挥着诱导作用、激发作用。只有有效地激励下属，才会让下属发挥出巨大的能量。

原文

临患不忘国，忠也；思难不越官[1]，信也；图国忘死，贞也。

（《左传·昭公元年》）

注释

①不越官：不忘记职守。

译文

身处困境而不忘记国家，这就是忠；面对困难而不放弃职责，这就是诚信；为了国家而舍生忘死，这就是忠贞。

解读

原文是赵文子在听闻鲁国的叔孙豹为保护国家愿意舍弃自身财物的事情之后的感叹，并认为鲁国的叔孙豹是一个贤能的人，十分讲究道德伦理，并且忠贞不渝地热爱自己的国家。于是，赵文子请求赦免叔孙豹，通过这样的方式来安抚贤能之人，鼓励贤能之人纷纷效仿，争相努力尽忠爱国、尽忠报国，从而使国家昌盛，人民更加忠诚爱国。

崇祯初年，龚元祥考中了举人，由于孝廉，他被朝廷任命为霍山教谕。

霍山县位于安徽省大别山地区，当地盗匪横行，龚元祥上任后不久就遇到了盗匪攻打霍山县城。盗匪人数众多，且凶悍异常，霍山县令见此情形，吓得惊慌失措，根本就不敢与其抗争，便收拾东西悄悄逃走了。

得知县令弃守县城，龚元祥十分愤慨，下令军民严防死守，自己担任起守城的重任。当时，有人也曾劝龚元祥赶紧逃走，龚元祥却认为，自己拿着国家的俸禄，理应为国尽忠，如果国家有难自己却借故逃避，那岂不是对国家的不忠？而作为地方官员，敌人来临的时候却抛下满城百姓自己逃命，那岂不是不义？他严正地说道："我们平时一直讲忠信仁义，难道仅仅是一句空话吗？"

虽然全城的军民都奋力抗敌，但终究寡不敌众，盗匪最终还是攻破了县城，百姓们只得携家带口，四处逃命。

盗匪攻陷霍山县城之后，到处搜捕龚元祥。得知消息之后的龚元祥并没有逃跑，反而坐在衙门内的椅子上，不慌不忙地整理好自己的衣冠。盗匪闯进了县衙，抓住龚元祥，想逼着他投降。但用尽了各种手段，龚元祥依旧不肯屈服，他大义凛然地说："死有何惧？今日你们要杀便杀，无须多言！"

盗匪恼羞成怒，便下令将龚元祥押出府衙，准备将其处死。一路上，龚元祥始终不肯屈服，反而对盗匪痛斥不止。

最终，龚元祥还是被盗匪残忍杀害。然而他为国尽忠，守护百姓的美名却一直被人们传颂。

龚元祥不是将忠义的言词挂在嘴上，而是在面对大难时，以自己的行为践行忠义。

原文

君子之言，信而有征①。

（《左传·昭公八年》）

注释

①信而有征：诚实而有根据。

译文

君子的话，诚实并且有根据。

解读

晋侯向大臣师旷探听关于石头会说话的传说。师旷把真实的情况向晋侯禀告了，认为石头是不会说话的，是人们假托石头道出由于宫室建造得高大奢侈，百姓财力耗尽，怨恨与诽谤一时兴起。师旷的这一回答有理有据，真实可信，可以说，其本人就是“君子之言，信而有征”的践行者。

原文

义，利之本也，蕰利生孽[1]。

（《左传·昭公十年》）

注释

①蕰利生孽：积累利益产生祸害。

译文

义，是利的根本，贪利就会发生灾祸。

解读

原文是晏子对陈桓子的劝告之言。景公、陈氏、鲍氏的军队和栾氏、高氏的军队在稷门激战，结果栾氏、高氏战败，陈氏、鲍氏便分割了他们的家财。晏子劝告陈桓子，把分到的东西交给君王。晏子认为利不能硬行夺取，不能忘记义，所以劝说陈桓子放弃利，认为这样以后利反而会更多。

清代后期，徽州有一家十分有名的制墨商号——胡开文，相传它有一种墨品很特别，可以在水中久浸不散，因为这一点，这种墨品卖得十分火爆，购买的人络绎不绝。

有一次，有位顾客慕名前来买这种墨品。在回家的路上，他不小心将墨袋掉到了河里，捞起来的时候，却发现袋里面的墨品被水浸化开来，晕染了一片。于是，他便返回到店中想要退换一下。等他到了店里面，说明情况之后，店主发现这批墨是没有严格按照生产流程制造出来的。于是，店主不仅将没有问题的好墨赠给该顾客，并高价收回那些有问题的墨，加以销毁。

胡开文商号宁愿自己蒙受经济损失，也要维护消费者利益，这让墨店保住了声誉，赢得了更多人的信任。

胡开文商号守住正义这个根本，就能赢得人们的信任，从而获得长远利益，立于不败之地。

原文

公曰："和与同异乎？"对曰："异。和如羹焉，水火醯[①]醢[②]盐梅以烹鱼肉，燀[③]之以薪，宰夫[④]和之，齐之以味，济其不及，以泄其过。君子食之，以平其心。君臣亦然。君所谓可而有否焉，臣献[⑤]其否以成其可。君所谓否而有可焉，臣献其可以去其否。是以政平[⑥]而不干[⑦]，民无争心……声亦如味，一气[⑧]、二体[⑨]、三类[⑩]、四物[⑪]、五声[⑫]、六律[⑬]、七音[⑭]、八风[⑮]、九歌[⑯]，以相成也；清浊、小大、短长、疾徐、哀乐、刚柔、迟速、高下、出入、周疏，以相济也。君子听之，以平其心。心平，德和。"

（《左传·昭公二十年》）

注释

①醯（xī）：醋。②醢（hǎi）：用肉、鱼等制成的酱。③燀（chǎn）：烧。④宰夫：厨师。⑤献：进言。⑥平：平和，平顺。⑦干：犯，违背。⑧一气：声音需由气发动。⑨二体：乐舞有文舞和武舞。⑩三类：指《风》《雅》《颂》。⑪四物：杂用四方之物以成器。⑫五声：宫、商、角、徵、羽。⑬六律：黄钟、大簇、姑洗、蕤宾、夷则、无射。⑭七音：五声再加上变宫、变徵，共七种音阶。⑮八风：八方之风。⑯九歌：歌九功之德。

译文

齐景公问："和与同不一样吗？"晏婴回答说："不一

样！和就像做肉羹，用水、火、醋、酱、盐、梅来烹调鱼和肉，用柴火烧煮。厨工调配味道，使各种味道恰到好处；味道不够就增加调料，味道过重就用水冲淡一下。君子吃了这种肉羹，可以平和心性。君臣之间也是这样，国君认为正确的东西，如果其中有错误的地方，臣子要指出其错误以完善其正确的意见。国君认为错误的东西，如果其中有正确的地方，臣子要指出其正确，而要去除其错误的地方。如果能够这样，政治就会平顺而没有违背之事，老百姓也就没有争斗之心……音乐的道理也像味道一样，由一气、二体、三类、四物、五声、六律、七音、八风、九歌各方面相配合而成，由清浊、小大、短长、疾徐、哀乐、刚柔、迟速、高下、出入、周疏各方面相调节而成。君子听了这样的音乐，可以平和心性。心性平和，德行就协调。”

解读

原文是晏子与齐侯的一段对话。对话以一问一答的形式来记述，并运用了类比的论证方法。晏子认为，“和”与“同”表面上相似，其实恰恰相反。“同”是绝对的一致，不存在变动，也没有多样性，代表的是单调、沉闷。“和”则是相对的一致，是多中有一，一中有多。对于国家的发展来说，不同的声音是好事，声音一致，对国家的发展、政治的开明大为不利。“和”意味着君臣、官民之间在根本利益问题上保持一致性，能够相互理解、相互支持、相互协调。

孔子是和文化的集大成者，而周幽王时的史伯是和文化的先驱，“和实生物，同则不继”就是史伯提出的重要命题。史伯认为，不同的事物或不同的要素结合起来，就能产生新事物。如果是相同事物或者是相同要素结合起来，就还是原来的事物，不可能产生新事物。

既然任何事物都是由不同的要素构成的，那么，在一个事物内部，我们就要允许有差异性存在，不同的要素甚至是对立的要素，统一存在于事物之中。“和”不是“无冲突”和“无矛盾”，而是通过调适众多不同因素，协调众多矛盾关系，形成互补、共生、共荣的和谐态势。“和合共生”的目标，是相关各方共同生存下去，而不是毁灭其中一方而利于另一方，也不是共同走向毁灭。不能因为存在着不同要素，就人为地制造出你死我活、势不两立的长期对峙状态，制造出不是东风压倒西风，就是西风压倒东风的战争状态！

正是由于事物内部不同要素之间能相互作用，同时，某一事物与外界众多不同事物之间能相互作用，事物才能相反相成，互济互补，从而生生不息，充满活力，呈现丰富多彩的样态。英国文学家萧伯纳说：“一个人一个苹果，相互交换还是一个苹果，一个人一种思想，相互交换就有两种思想。”在相对而存在的事物之中，如公与私、义与利、理与欲等，如果取此舍彼，即只选取当中一方，而完全否定另一方，就会导致过激与偏失。

原文

君令臣共[1]，父慈子孝，兄爱弟敬，夫和妻柔[2]，姑[3]慈妇听，礼也。

（《左传·昭公二十六年》）

注释

①共：通“恭”，恭顺。②柔：柔顺，温顺。③姑：婆婆。

译文

君王发出命令，臣子认真执行，父母慈爱，子女孝顺，兄长仁爱，弟弟恭敬，丈夫和蔼，妻子柔顺，婆婆慈爱，媳妇顺从，这就是礼了。

解读

原文是晏子与齐侯的对话。晏子推崇以礼治国。不同角色的人物，遵循不同的礼，就可以达到和而不同的状态。

明朝时候浙江归安（属今浙江省湖州市）有一个名叫赵仁的人，他的父亲在他一岁的时候就去世了，只留下他和母亲相依为命。为了告慰父亲的在天之灵，母亲曾发誓要将儿子赵仁抚养成人。

然而赵仁家境贫寒，家中没有多余的积蓄，他们更没有其他亲朋好友可以依靠，孤儿寡母过着食不果腹的生活。为了养育儿子长大，赵仁的母亲不辞辛劳，常年为他人缝洗衣服。

渐渐地，赵仁长大了，转眼也到了上学的年纪。可靠着母亲那点微薄的工钱，母子二人仅能勉强度日，哪里能供得起赵仁读书呢？懂事的赵仁见母亲常年辛苦，心中十分不忍，于是便在征得母亲同意之后，到别人家里做了佣工。

由于赵仁生性淳朴，为人又十分吃苦耐劳，做事也勤奋认真，因此主人十分喜欢他。每次主人给他的佣金，他都悉数交给母亲，自己分文不留。

赵仁又专门请人刻了母亲的木像，供奉在自己做工时休息的小房间里面，每天早晚都会去请安，一日三餐的茶饭也都会准备好。有人对此感到不解，赵仁就告诉他们，将木像供奉在这里，就好像自己时时刻刻在母亲身边一样；而赵仁的主人知道这件事后，认为他是一个仁孝之人，对他更加赏识。

在一家之中，父母仁慈，子女孝敬，兄长仁爱，弟弟恭敬，丈夫温和，妻子柔顺，这就是充满伦理亲情的家庭，生长在这样的家庭当中，每个人的道德品行都会得到滋养。

原文

兄爱[1]而友[2]，弟敬而顺[3]。

（《左传·昭公二十六年》）

注释

①爱：仁爱。②友：友善。③顺：顺从，服从。

译文

兄长爱护弟弟而产生友爱，弟弟尊敬兄长而产生和顺。

解读

原文是晏子回答齐侯，表达用礼可以治理国家的思想。晏子认为，君臣、父子、兄长、夫妻、婆媳之间都有各自的礼数，如果各自都遵行自己的礼，那么大到国家，小到黎民百姓之家，都能井然有序，和睦相处。这里特别提到家庭的和睦，家和才能万事兴。

和睦的重要基础是弃恶扬善，而善与恶是有标准的。伤害生命就是恶，扶助生命就是善。不仅要爱护自己的生命，也要爱护亲人朋友及其他所有人的生命；不仅要爱护人类的生命，也要爱护大自然中的一切生命。对所有的生命都要怀有爱护之心、敬畏之情。

生命是宝贵的，每个人都要培养敬畏生命的意识。中国传统的丧礼、祭祀之礼，有一个重要的功能，就是培养人敬畏生命的意识。在祭礼和丧礼中，对已逝去的生命，都要在庄重肃穆的气氛中行跪拜之礼，表达哀伤之情、怀念之意、感恩之心，以同样的心态来对待活着的人，则自然而然会产生恭敬之情、感恩之心、爱护之意。现在的电子游戏，常常以杀戮生命为乐，许多电影充斥着暴力和杀人的血腥场面，人们玩多了，看多了，敬畏生命的意识就会渐渐消失；带着轻贱生命的意识进入现实中，轻则戏弄、侮辱他人，重则伤人、杀人。

《周易》选读

简介

《周易》是我国保存最完整而且最古老的特殊的思想专著，是中国传统文化的根源，是儒家和道家的思想源泉，被尊为“群经之首”“大道之源”。《周易》也称《易经》或《易》，其一开始的结构和最本质的思想是“阴阳”两种事物的对立与统一。

《周易》由两部分组成，分别是《经》和《传》。《传》是解说《经》的，出自孔子及其后人。《传》共七种十篇，包括《彖传》上下、《象传》上下、《文言》、《系辞传》上下、《说卦传》、《序卦传》和《杂卦传》。《周易》是远古人类总结自然变化和人事变化规律的奇书，肯定事物相对性的同时在不同条件下论述了事物的绝对性，是古人自然哲学与伦理实践的概括。

《周易》从古至今对我国及世界的思想与文化产生了极其深远而广泛的影响，是众多学科的基础和起源。研究和探索《周易》的名人名家数不胜数，古人虞世南就说：“不读《易》，不可为将相。”古代的医学家孙思邈也说：“不知《易》者，不足以言太医。”

《周易》是较难解读的，因其内容包罗万象，知识纷杂，有着独特的符号系统，文辞又艰涩难懂，被人们视为“天书”。然而自古以来，《周易》的解读者颇多。本书旨在从文化义理的角度出发，通俗易懂地解释和分析《周易》的文化内涵，使读者体会《周易》中浓厚的人文主义精神，汲取《周易》中深刻的智慧，来感悟并且指导人生。

原文

鸣鹤在阴[①]，其子和之；我有好爵[②]，吾与尔[③]靡[④]之。

（《周易·中孚卦》）

注释

①阴：山阴。②爵（jué）：古代的高级酒杯，这里用以代称美酒。③尔：你。④靡（mǐ）：共享。

译文

鸣叫的鹤在山阴，它的同类以应声和之。我有美酒在杯中，与你共饮之。

解读

鹤在山的背阴处鸣叫，即使不被远处的同类看到，同类也会随之应和，意思是有诚心，虽然彼此相距较远，但仍然能够相互呼应。爵是酒杯，自己有好酒，愿意与别人同杯共享，比喻彼此的诚意能够相互传递、沟通。也就是说，在相互交往、沟通时，诚信以待，诚心实意地交流、交往，彼此才能产生共鸣，并能持续交往下去。

如果只是甲方向乙方单方传递信息、思想、情感、体验，而乙方没有向甲方传递任何信息、思想、情感、体验；那么甲方得不到反馈，就无法知道乙方接受了多少，无法知道对乙方产生了什么效果，也不能从乙方那里获得有价值的信息和思想，甲方也就不能判断下一步向乙方传递什么了。同时，乙方若有反馈，甲方则要善于倾听。做一个善于倾听的人，要认真地听，安静地听，用心地听，鼓励别人多谈谈他们自己。苏格拉底说："自然赋予我们人类一张嘴、两只耳朵，也就是让我们多听少说。"

原文

君子进德修[①]业。忠信，所以进德也；修辞[②]立其诚，所以居业也。

（《周易·乾卦》）

注释

①修：增进。②辞：言辞。

译文

君子提升道德，建立功业。忠于职守，取信于民，这是为了增进道德；言论树立真实的原则，这是为了建立功业。

解读

这是对君子的言辞品行做出的要求，所谓君子就必须要进德修业，待人忠实诚信。与人交流时言辞诚恳，言而有信，说到做到。言语是君子最应该重视的，必须体现真诚的原则。所说的话要合情合理，还要符合自己的身份以及场合等。“所以居业也”说的是古人认为正心、诚心是立业的前提。

“不诚无物”，万事万物之所以存在，就是因为具备真实这一特征。万物以真实的面貌展现在人们面前，万物均按其自身固有的规律运行，绝不做任何遮掩和伪饰。天地如果不是真实的存在，就不能化育万物。天道的存在也是真实无妄的，真实是天道的基本属性。如果不真实，就是不存在。真实的事物具有强大的生命力和创造力，而虚假的事物则缺乏根基，没有生命力。

人道与天道是贯通的，人道取法天道。人道之诚，来源于天道之诚。天道被赋予人心之中，即形成人的善本性。但由于私欲的蒙蔽，人的善本性不能真实呈现，故需要通过修养的功夫，恢复人的善本性。恢复了人的善本性，天道也就彰显了。“尽其心者，知其性也；知其性，则知天矣。”（《孟子·尽心上》）

春秋时期，晋国有一位诚实正直的史官，叫作董狐。当时，晋灵公十分昏庸残暴。他为了取乐，时常站在城楼上，用弹弓射击来往的行人。有一次，仅仅因为厨师为他炖的熊掌不够熟，他竟然一怒之下，把厨师给杀了。晋国正卿赵盾看到晋灵公的所作所为，直言不讳地劝谏。晋灵公心里很窝火，就偷偷地派人去刺杀赵盾。结果赵盾幸免于难，逃亡在外。赵盾的族弟赵穿打猎回来，知道了这件事，起兵造反，杀了晋灵公。之后，赵盾重返朝堂，立晋文公的庶子为国君。

于是，晋国的史官董狐把“赵盾弑其君”记载在史书上。赵盾听说了，很不服气，质问董狐：“你为什么说我弑君？”董狐大义凛然地说：“你是主持国政的正卿，曾经逃跑而没有走出国境，回来后又不惩办凶手，这跟你亲自弑君有什么区别？”赵盾要求改写，董狐严肃地说：“作为一个史官，我的职责就是真实地记录历史。而史书最重要的就是真实，黑就是黑，白就是白，来不得半点虚假，否则就是对后人的欺骗。”听了董狐的一番话，赵盾无可奈何，只好叹了口气，听之任之了。孔子认为董狐不畏权势，坚持直笔实录，堪称“良史”；而赵盾能不干涉史官记录史实，也是“良大夫”。

原文

积善之家，必有余庆；积不善之家，必有余殃①。

（《周易·坤卦》）

注释

①殃（yāng）：祸殃。

译文

修积善行的人家，必定有福；累积恶行的人家，必定有祸。

解读

中国传统道德认为，要多做善事，积累德行。坚决不做不道德的事情，不说有损他人的话。一言一行都注重德行修养。只有这样，才能完善自我的品行。

齐国孟尝君有一个门客，名叫冯谖。有一次，冯谖奉孟尝君之命去孟尝君的封地薛城收债。临走前，冯谖向孟尝君辞行，并请示说："收完债，您需要我买些什么东西回来吗？"孟尝君顺口答道："先生看着办，买点我家没有的东西吧！"

什么是主人家中没有的东西？冯谖自有主张。他赶着马车来到了薛城，把所有欠债的人都召集到一起。核对完账目后，冯谖便假传孟尝君的命令，免去了那些确实没有偿还能力的人所欠的债务，并当场烧掉了债券。百姓们欢天喜地，称颂孟尝君的仁德。冯谖马不停蹄地返回了国都，见到孟尝君。孟尝君听完汇报后问："那先生给我买了些什么回来呢？"冯谖不慌不忙地回答道："您让我看家里缺什么就买什么。我想，您有用不完的珍宝、数不清的牛马牲畜，美女也站满庭院，您家中缺少的只有‘道义’，因此，我替您把‘道义’买回来了。”孟尝君以为冯谖是在唱高调，气呼呼地说：“先生算了吧!”

后来，孟尝君由于失宠于齐王而被赶出国都，只好回到封地薛城。当他的车子距薛城还有上百里远时，薛城的百姓便已扶老携幼，夹道相迎。这时，孟尝君才恍然大悟，感慨不已，回头对冯谖说：“先生为我买的‘道义’，我今天终于看见了!”用古人的话来说，冯谖为孟尝君一家积了善德，孟尝君在落难之时，得到了民众的回报。

原文

大哉乾元[①]，万物资[②]始，乃统[③]天[④]。云行雨施，品物[⑤]流形[⑥]。大明[⑦]终始[⑧]，六位[⑨]时成，时[⑩]乘六龙以御[⑪]天。

（《周易·乾卦》）

注释

①乾元：充沛宇宙间、开创万物的阳气。②资：凭借。③统：本，属。④天：大自然。⑤品物：各类事物。⑥流形：流布扩散而生成形体。⑦大明：太阳。⑧终始：循环运转。⑨六位：六爻的位序。⑩时：按时。⑪御：驾驭。

译文

伟大呵，乾卦所表达的开创万物的阳气！万物就是因为有了它才开始发展的，故而本于天。云气流行，雨水布施，众物周流而各自成形，太阳周而复始地运行，六爻得时而形成。这正如太阳按时乘着象征乾卦六爻的六龙，以驾驭天道。

解读

“大哉乾元”，首先赞美乾天创始万物的功能。“品物”即各类物体，“流形”即流布成形，体现出元亨一体且相承的关系。乾卦六爻都是阳爻、刚爻，阳爻代表白昼，所以说乾卦“大明终始”。六爻从潜到亢的时运、时势不同，所以说“六位时成”。天道变化的规律，在于万物各正性命，各自得到并坚守自己的本性和位置，达到极其和谐、圆融、生机盎然的“大合”境界，就是利贞。最后一句表明元亨利贞对于社会的意义，即国泰民安。

天地最伟大的品格，就是生养生命。天地生养万物，承载万物，泽被万物，就是具有无私与仁慈的精神。生养生命的精神赋予万物，内在于万物之中，万物得以蓬勃生长。天地生养生命的精神下注于人，形成人“仁”的品性。一花一草，春荣秋枯，正是生命的律动，体现天地万物生生不已之道。

既然上天有好生之德，大地有载物之厚，人就应该遵循天地之道，修行仁德。

成汤的仁德美名传扬天下，得到民众的敬重。有一次，成汤外出游猎。他看到在郊野捕猎的人将一张罗网向四面大大张开，并在口中念道：“希望天上来的、地下来的，四面八方的禽兽，统统钻进我的网子里!”

成汤听后，感到十分气愤，冲过去斥责那个人说：“你这样太过分了，是想把全天下的禽兽都捕光吗?!”随即，便让人将网子撤去了三面，只留下一面，并让布网的那个人祝祷说：“想到左边去的，就去左边；想向右边逃的，就去右边；不听命令的，就进我的网中来。”

这件事被作为“仁德”的典范在民间广为流传，人人都称赞成汤的仁爱之心，连禽兽都可以受到他的恩惠。各地的诸侯也被成汤的仁德所感，纷纷前来归顺。并感叹说：“这真是一位仁民爱物、伟大至极的圣贤啊!”

原文

保合[1]太和[2]，乃利[3]贞。

（《周易·乾卦》）

注释

①保合：保全。②太和：阴阳二气相生相克对立统一。③利：有利。

译文

上天能保合太和之景象，就能普利万物。

解读

万物借助乾天生长，并且遵循着天道的规律。而天道变化的规律，在于万物各正性命，各自得到并坚守自己的本性和位置，保合元气（古人认为元气聚集则生成，分散则死亡），从而达到极其和谐、圆融、生机盎然的“大合”境界，就是利贞。天的特点是阳刚、进取。我们为人处世也应该像天一样阳刚、进取，效法天自强不息的精神。

原文

天地[1]交而万物通也，上下[2]交而其志同也。

（《周易·泰卦》）

注释

①天地：天，指下卦乾；地，指上卦坤。②上下：上，喻君；下，喻臣。

译文

天地阴阳之气交感而万物通达生长，君民上下交感而其心志相同。

解读

泰卦里乾坤、天地、阴阳相交，犹如清阳之气蒸腾而上，阴雨之水绵绵而下，万物得以滋润化生。上面的意图能够通到下面，下面的意见能够传到上面，上下成为一个整体，所以叫作“泰”。如果下面的意见被阻塞，则不能传到上面；上下之间有隔膜，这就叫“否”。

原文

谦[1]，亨[2]。天道下济而光明[3]，地道卑而上行[4]。天道亏[5]盈而益谦，地道变[6]盈而流谦，鬼神害[7]盈而福谦，人道恶[8]盈而好谦。谦尊而光，卑而不可逾[9]，君子之终也。

（《周易·谦卦》）

注释

①谦：下艮下坤，是卦名，象征谦虚。②亨：通达。③天道下济而光明：天道下济，指阳气下降，济助万物；光明，荣耀而显明。这是指下卦艮，有如日光照射大地而一片光明。④地道卑而上行：指上卦坤。坤，为地，地道卑顺而居下，正由于居下，才能使其阴气上升而交会于天，否则，便不能上行。⑤亏：损。⑥变：改变。⑦害：加害。⑧恶：讨厌，憎恨。⑨逾（yú）：超越。

译文

谦，亨通。天道下施（于地）故（万物）光明，地道卑下而（万物）向上生长，天道亏损盈满而增益欠缺，地道变换盈满而流注补益欠缺，鬼神祸害盈满者而致福于谦虚者，人道厌恶盈满而喜欢谦虚。谦道，让尊者变得更加光明高大，让卑者不可逾越。此为君子德性修养的至高境界。

解读

万物因上下交流，得以化生，事物因有亏盈变化，而有始有终。那些高傲的人将遭受鬼神的祸害，那些谦卑的人将受到鬼神的赐福。有谦逊品格的人被人们喜爱，自大自满的人被人们厌恶。人们尊敬那些谦逊的人，是因为他们既能虚心求教，又肯接受反对的意见，所以，灾祸也会远离他们。

我们要清楚地看到自己的缺点，承认自己在某些方面无知，虚心向别人学习，虚心接受别人的批评，包容别人的不同意见。

任何人的知识都只是人类知识海洋里的几桶水。只有在前人智慧的基础上，知识才能向前发展。英国著名物理学家牛顿曾说过："如果我所见的比笛卡尔要远一点，那是我站在巨人肩上的缘故。"爱因斯坦也谦虚地说："用一个大圆圈代表我所学到的知识，但是圆圈之外是那么多空白，对我来说就意味着无知。"如果将某几个人的知识当作绝对真理，只学习这几个人的知识，那么，就离开了人类知识的海洋，终生只喝这几桶水，思想必然走向封闭、僵化。

谦虚使人进步，骄傲使人退步。人的心灵成长、智慧成长，就是不断吸取各种精神营养、不断学习新知、不断排除心灵毒素、不断改正认知错误的过程。谦虚使这个过程顺畅进行，而骄傲则阻碍了这个过程。骄傲是为自己挖掘陷阱，谦虚是为自己开辟道路。

谦虚的人能够集思广益，眼界开阔，虚怀若谷，包容各种不同意见，面对同一问题有不同的解决方案供其选用，大大提高工作效率。

谦虚的人能够尊重别人，体会别人的感受，因而能得到别人的尊重，建立良好的人际关系。

原文

咸，感也。柔上而刚下[①]，二气感应以相与[②]。止而说[③]，男下女[④]，是以“亨，利贞，取女，吉”也。天地感而万物化生，圣人感人心而天下和平。观其所感，而天地万物之情可见矣。

（《周易·咸卦》）

注释

①柔上而刚下：柔上，指上卦兑为阴卦；刚下，指下卦艮为阳卦。②相与：相处。③止而说：艮为止，兑为悦。说，同“悦”。④男下女：男在女之下。男，指下卦艮，艮为少男；女，指上卦兑，兑为少女。

译文

咸，为感，感应。阴柔处上而阳刚处下，（阴阳）二气感应以相亲，止而喜悦，男处女下，所以“亨通，宜于守正，娶女吉祥”。天地互相交感，万物变化生成；圣人感化人心，于是天下和平。观察所感应的方面，天地万物之情皆可以显见啊！

解读

咸卦通过男女相感而成婚的道理，揭示了治国之道，君主也必须致力于感化民众，才能做到上下协调，齐心治国理政，天下的老百姓才都愿意归顺君主。而感化民众，需要有谦虚之心，虚心地包容他人，这样才能听取和采纳别人的意见，做出明智的判断和决策，才能很好地与臣子及普通民众培养感情，实现天下太平。

道义是人与人沟通的基础，缺乏这一基础，人与人之间不可能做到心灵的深层次沟通，也不可能建立持久的关系。孟子说："友也者，友其德也。"即在双方道德高尚的基础上建立深厚的友谊。戊戌六君子之一刘光第说："惟以性情交兼道义交者，为能淡而弥久，久而无敝。"刘、关、张桃园三结义，在民间被传为千古美谈。相传他们的誓言是："念刘备、关羽、张飞，虽然异姓，既结为兄弟，则同心协力，救困扶危，上报国家，下安黎庶。"他们牢固的关系就建立在报国救民道义之上。

建立在道义基础上的沟通，才能行忠恕之道。"己欲立而立人，己欲达而达人"是忠，"己所不欲，勿施于人"是恕。德国哲学家费尔巴哈深刻地论证了忠恕之道的精髓，他说："中国的圣人孔夫子说……'己所不欲，勿施于人'……在许多由人们思考出来的道德原则和训诫中，这个朴素的通俗的原理是最好的、最真实的，同时也是最明显而且最有说服力的。"

"君子以同道为朋，小人以同利为朋。"有人将朋友的类型分为八种："有道德相亲而交者，有学问相成而交者，有气节相感而交者，有然诺相信而交者，有政治相助而交者，有才技相合而交者，有诗文相尚而交者，有山水相娱而交者。"建立在利益基础上的关系，当有共同利益时，就能维持；当出现弊害时，就争相避开；当利益不一致时，就反目为仇。"小人之朋必无可乐，即或一时胶漆，意气如云，然见利必争，见害必避。"（陆世仪《思辨录辑要》）

原文

损刚益柔有时，损益盈虚[1]，与时偕[2]行。

（《周易·损卦》）

注释

①损益盈虚：减损或增益，盈满或亏虚。②偕：共，同。

译文

减损处下之阳刚而增益居上之阴柔也要适时，事物的减损增益或盈满亏虚，都是配合其时而自然进行的。

解读

损卦是通过损去下卦乾刚的一个阳爻以增益上卦坤柔而成了下兑上艮，这里是取法损益盈虚的客观规律，要因时而行，适可而止。正道是恒常之道，在任何时代，在任何境遇之中，在任何人那里都不会改变。但是，按“理一分殊”的原则，随着时代的变化，或具体境遇的不同，或每个人的特性不同，正道就会显现出不同的具体形态。如孝道是常理，任何时代都需要，但由于时代的差异，其表现方式上就会有差异。在专制社会中，就会过多强调子女的顺从；在民主社会中，则更多强调子女的自主。在父母思想行为合于道的境遇中，子女采用支持的立场；在父母思想行为背离道的境遇中，则要采取“从义不从父”的立场。富有者与贫穷者尽孝的方式不可能一致，如果贫穷者都采用铺张浪费的方式尽孝，其实是有损于孝道的。

权变不是动摇、退缩，不是缺乏坚定的立场，不是不要原则，而是要考察、认知时代条件、具体环境、当下境遇，并做出相应的灵活处理。

权变必须从良善的动机出发，坚守正道，要依道行权。绝不能以权变为理由违背正道，曲解和滥用权变，造成价值混乱，造成行为失范。权变是有底线的，这条底线就是不能在权变时害人。为了自己的私利去杀人、害人，绝非君子所为。在权变中运用诈术而谋取私利，亦非君子所为。

原文

天地革而四时成。汤武革命[①]，顺乎天而应乎人。

（《周易·革卦》）

注释

①汤武革命：指商汤灭夏桀，周武王灭商纣。

译文

天地之气变化而四时形成，商汤、武王改姓受天命，上顺天时，下应人心。

解读

革命并不是把一切都革掉，而是顺天命应人心，这样的革命才是合理且正当的，才不会有祸患。也就是说，变革是有原则的。其一，变革要抓准时机，要抓住人们的心，得到其认可与信服；其二，变革要利于百姓，谨守诺言；其三，变革的目的要符合道义、捍卫正义，顶天立地，无有悔也。只有这样变革才能合乎自然，才是民心所向，并能大功告成。

原文

艮[①]，止也。时[②]止则止，时行则行，动静不失其时，其道光明。

（《周易·艮卦》）

注释

①艮（gèn）：制止。②时：最合适的时间、时机。

译文

艮，止。应该停止的时候停止，应该行动的时候行动，行动与停止不失时机，（这样）其道才能光明通畅。

解读

艮，是止的意思，告诉我们要适可而止，高潮过后必然出现低潮，这是不以人们的主观意志为转移的，所以该静止的时候就需要静止，静止是为了积淀而重新奋发。这就需要我们提高自己的克制能力，恰如其分、恰到好处地冷静行事，以便储存和积蓄能力、实力、力量，只有这样才能重整旗鼓，避免失败或灾祸，以实现新的成功。

行为是否正当，需要根据道义加以判断。东汉时期，宋弘为人正直，备受重用，被光武帝刘秀任命为大司空。宋弘曾向刘秀推荐过一位人才，他就是桓谭。刘秀便让他担任议郎一职。桓谭十分擅长弹琴。每逢宴会，刘秀都会请他出来为众人弹奏。在一次宴会上，刘秀看到宾客满席，十分热闹，便又让桓谭出来弹琴为大家助兴。桓谭在弹琴的时候，猛然间与宋弘对视，浑身一颤，不敢再弹下去。刘秀正听到兴头上，琴声却戛然而止。于是，他很不高兴地问桓谭为什么停下来。这时，宋弘回答说："臣当初推荐桓谭，是希望他能以忠正之道引导皇上。但是，现在他给陛下弹奏靡靡之音，使陛下沉湎享乐，这是为臣的罪过!"刘秀听了，恍然大悟，十分赞同宋弘的说法。于是，便罢免了桓谭的职务。

原文

天地节而四时成。节以制度①，不伤财，不害民。

（《周易·节卦》）

注释

①制度：典章制度，引申为尺度、分寸。

译文

天地阴阳之气互相节制，而四时的变化才得以形成。圣人以制度加以节制，不损失财物，不妨害民众。

解读

节卦告诉我们，无论做任何事，都要居位适中，能够适可而止，并且随时注意对自己有所节制，把握好适当的尺度和分寸，就像天地间每个季节都各有调节，只有这样四季才能流转，宇宙万物才能运行通畅。运用制度来调节，才能保护好财力、物力、人力，也只有这样，万事万物的发展进程才可以畅通无阻。

人类的解放，被误解为人的欲望的解放。解除社会压抑成为强烈的呼声，形成对社会行为规范的巨大冲击。促进经济的发展，就需要扩大需求，而扩大需求，导致人的欲望膨胀，欲望的膨胀导致人与人的争夺，导致了不断的战争和日益增多的犯罪。老子通过对社会混乱的反思认识到："祸莫大于不知足，咎莫大于欲得。"（《老子》第四十六章）通过节制，降低欲望，回复到人性的自然状态："见素抱朴，少私寡欲。"（《老子》第十九章）这样，才能建立社会和自然的良好秩序："天地节而四时成。节以制度，不伤财，不害民。"

原文

天行健，君子以自强不息。地势坤[1]，君子以厚德载物。

（《周易·象辞上传》）

注释

①坤（kūn）：柔顺。

译文

天道运行刚健，君子因此要刚毅自强，永不停息；大地气势柔顺，君子应当增进美德，容载万物。

解读

乾象征着天，象征着动，所以天行健。坤代表着地，代表着静，地的形势就是坤。天的精神就是自强不息，坤的德性就是大地的品格——厚德载物。地具有宽厚、柔顺的特点，是对“乾”所象征的天的阳刚、进取精神的辅助和补充。人生处世，不可一味刚强，要学会宽厚、柔顺，依循客观规律办事。

人道来自天道，人的精神来自上天。《周易·乾卦》：“天行健，君子以自强不息。”天上的日月星辰在不断运行，体现出刚健的精神，君子效法天道，刚毅坚卓，发愤图强，不断努力，永不停息。民国时期，梁启超给当时的清华学子作了《论君子》的演讲，希望清华学子们都能继承中华传统美德，并且引用了“自强不息”“厚德载物”等话语来激励清华学子。后来，“自强不息，厚德载物”成为清华大学校训。张岱年先生把中华民族精神概括为“自强不息，厚德载物”。孙中山认为：“翳我祖国，以最大之民族，聪明强力，超绝等伦，而沉梦不起，万事堕坏”，因此要“奋发振强，励精不已”。

许多伟大的成就，是坚持数十年的努力才取得的。明代李时珍花费近三十年，经过长期的实践，以顽强不息的精神写出了医药巨著《本草纲目》。爱迪生为找出能做电灯泡灯丝的金属，试验了上千次才成功。

达尔文写《物种起源》，历经二十多年。徐霞客三十多年风餐露宿，广游全国才有了《徐霞客游记》。托尔斯泰的《战争与和平》从构思到完稿用了四十年。哥白尼写《天体运行论》用了三十年，顾炎武写《音学五书》用了三十多年。

我国现代书画家和篆刻家齐白石老人原先只是一位雕花木工，只是在闲暇的时候学习绘画和篆刻。

年轻的时候，由于喜爱篆刻，但又对自己的篆刻技术不满意，齐白石就向一位老篆刻师请教。老篆刻师告诉他说：“你去挑一担础石回家，一定要刻了磨，磨了刻。等这一担石头都变成了泥浆，你的印也就刻好了。”听了老篆刻师的话，齐白石果然去挑了一担础石回来，一边刻一边磨，同时还拿古代的篆刻艺术品来对照琢磨。齐白石就这样夜以继日地刻了磨平，磨平了再刻，手上已经不知道起了多少个血泡。终于，日复一日，年复一年，础石的数量越来越少，而地上淤积的泥浆却越来越厚。一担础石就这样“化石为泥”了，而他的篆刻技巧也达到了炉火纯青的境界。

齐白石背熟了《唐诗三百首》，研读了不少古代诗文，浏览了许多古典名著，所以他的画作风格具有唐风宋骨，别具一格。他曾在自己的诗中这样写道：“苦把流光换画禅，功夫深处渐天然。”

七十多年的艺术生涯里，齐白石基本上每天都要作画，不肯让一天闲过。正所谓“笔如农器忙，砚田牛未歇”。在他二十七岁以后，只有三次搁过笔，两次是因为生病，一次是遭逢父母之丧。1956 年后，因为体力和精力的衰退，齐白石有时甚至忘记了“白石”二字的写法，尽管这样，可他还是不肯歇笔。

不懈的努力让齐白石的绘画水平达到了高峰。中国美术家协会将他选为主席，他于 1953 年被文化部授予“人民艺术家”的称号，1956 年被世界和平理事会授予 1955 年度国际和平奖金。

齐白石画作取得伟大成就，是基于他每天每时所走的每一步。这样经过数十年的积累之后，才达到了艺术的巅峰。

刚柔相济是人生的法宝。太过于刚强，则容易折断；太过于劳累，则容易损伤。要用柔和来调剂刚强，要用休息来调整劳累，才能保持生命的平衡。

原文

上火下泽，睽[1]；君子以同而异。

（《周易·睽卦》）

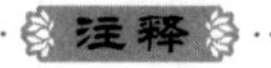

注释

①上火下泽，睽（kuí）：睽卦上卦为离，离为火，下卦为兑，兑为泽。火生炎上，泽性即水性润下，上下相对立。

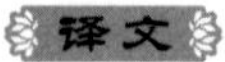

译文

睽卦上离下兑，上面是火，下面是泽，象征君子求同存异。

解读

火在上，泽在下，这就是睽卦，称为火泽睽。火性上炎，泽水下润，两者的性质截然不同，君子从中受到启示，认识到万事万物正因为彼此不同才相互吸引，并且得以生化万物。所以君子与人相处，讲究异中有同，同中有异，这样才能够相互切磋，不断进步。也就是说，我们不要强求“同一”，而应该求同存异，创造条件，推动事物向好的方向发展。

历史上将朱熹和陆九渊并称为“朱陆”，这两个人都是宋代著名的理学家、大儒，后人分别尊称他们为朱子和陆子。两人学识渊博，在学术上的观点却不尽相同。朱熹认为“有理而后有气”，万物之源是“理”，而“气”则是构成万物的材料；而陆九渊提出的理论是“心即理也”，他的观点是“心是天地万物的本源”。两人的观点截然相反，他们常常针锋相对，各抒己见，彼此互不相让，然而经过十几年的争论还是没有结果，两人也成为名噪一时的“论敌”。

南宋淳熙二年（1175 年），在江西信州鹅湖寺，双方就各自的哲学观点进行了一场大辩论，史称“鹅湖之会”。

然而，学术观点的不同并不影响朱熹和陆九渊的友情，他们既是论友又是诤友，争论让二人的感情更加深厚。就学术而言，两人可以说是由异趋同，他们相互切磋，互拜为师，取对方之长以补自己之短，完全抛弃了门户之见。后来朱熹重建白鹿洞书院，他热情地邀请陆九渊前来助阵，而这位“论敌”也欣然前往。至今白鹿洞书院门口所立石碑上刻着的陆九渊治学警句，就是朱熹当初命人刻上去的。

由于客观事物的多样性与复杂性，对同一事物存在着不同观点完全是正常的。在相互的交流和讨论中，可以做到求同存异。

君子以见善则迁[①]，有过则改。

（《周易·益卦》）

注释

①迁：改变。

译文

君子看到善行就向它看齐，有了过错就要改正。

解读

君子见到美德善行，通过效仿或者学习，从而增益自己的德行。与此同时，君子努力减少或避免自己犯下不必要的过错。益卦上卦为巽，为风，下卦为震，为雷，意指行善就好像巽风一样柔和，竭尽自己的能力用心去做，改过就好像雷动一样迅猛，毫不迟疑。君子坚持按照这样子做，并且尽力保持，以此来不断地增强自身的美好品德，不断地完善自我。

相传两千多年前，古希腊人便把“认识你自己”作为铭文刻在德尔菲神庙上。而“认识你自己”中重要的一方面是反省。反省改过，重在“反”字。人们思考问题总是存在着一个惯性，即意识的方向指向外，指向他人，而“反”字，也就是将自己意识的方向指向自己，认知自己，看到自己的缺点。古代圣贤倡导的修养路线是：格物、致知、诚意、正心、修身、齐家、治国、平天下。格物指的是在事事物物中探究，在事事物物中磨炼，致知指的是从其中获得德性之知（义理）和见闻之知（真理），并以真诚之心运用义理和真理来端正心性，修正自己。

自己身心端正，德才兼备，方能齐家、治国、平天下。孔子认为，要提高自己的道德品质，就必须“躬自厚”“求诸己”“内自省”“内自讼”。孔子说：“学而不思则罔，思而不学则殆。”孔子非常强调“思”，此“思”有思考、反思之义。即在学习圣贤经典时，要以圣贤经典为镜，对照自己的思想言行进行反思。

吕端是宋朝的宰相，相传他十分喜欢喝鸡舌汤，而且每天早上起来都要喝。有一天晚上，吕端到自家花园游玩的时候，看到墙角处多出了个小土山，感到十分奇怪，便询问仆从那个小土山是谁弄的。

仆从回答：“那正是每天为做鸡舌汤所杀鸡的鸡毛堆成的啊！”吕端惊讶地说：“我每天不过早上喝一碗鸡舌汤，怎么会有这么多的鸡毛呢？”

仆从说：“您每天喝一碗汤，可汤中有多少鸡舌呢？一只鸡不过一个鸡舌，您喝一碗汤可要杀好几只鸡呢！”吕端惭愧地说：“是我的错！是我的错！我以后决不再喝鸡舌汤了！”是啊，一鸡仅一舌，喝一次汤就要杀好几只鸡。如果天天都喝鸡舌汤，那杀的鸡可就数不胜数了。仅仅是鸡毛就能堆成小山，由此可见杀鸡之多。作为宰相，为了满足一时的口腹之欲，竟然如此奢侈，这如何能对得起天下百姓呢？好在吕端是一个知错就改的人。《宋史·吕端传》中评价吕端，认为他“有器量，宽厚多恕”，“善与人交，轻财好施”，而他自己也“不蓄赀产”。

吕端有君子之德，知过即改。

原文

天尊地卑，乾坤定矣[①]。卑高以陈[②]，贵贱位[③]矣。动静有常，刚柔断[④]矣。方以类聚，物以群分，吉凶生矣。

（《周易·系辞上传》）

注释

①乾坤定矣：指《周易》中象征天的乾卦和象征地的坤卦的高下尊卑也就由此而定。②陈：排列。③地位的排列。④断：断然加以区分。

译文

天尊贵在上，地卑微在下，乾与坤的位置就定了。天地间万事万物莫不由卑下以至高大，贵贱的位置依序而排定。动与静有一定的常态，阳刚阴柔由是断然可知。万物各自以类相聚、以类相分，吉与凶就这样产生了。

解读

自然万物各有其性，世间人物各有其性，存在着差异，不同的事物应当有不同的位，给万事万物以合理、合宜的定位，才能使其各安其位、各得其所。在大自然中，动物多样化、植物多样化，每一种动物和植物都在自然世界中找到自己的位，从而形成良好的生态系统。如果某一种动物或植物肆意泛滥或者灭绝，超出了自己所在的位，则会破坏生态系统。不同的事物、不同的人，在自己的位上发挥正常的功能，整个社会才会处于良性运行的状态。如果万事万物失去了其应有的位，出现

"失位"与"错位"的现象，则失位者离开原属于自己的位，出现"空位""缺位"的现象；众多失位者去争夺本不属于自己的位，就会出现对立、斗争、冲突、死亡。

齐景公向孔子请教，孔子回答："君君、臣臣、父父、子子。"即君、臣、父、子各得其位，各尽其责。男性被定位为阳，女性被定位为阴。如果女性被定位在阳位上，男性被定位于阴位上，就会发生阴阳错位的现象。

在一个整体中，各个部分、各个要素都应找到自己的位，"万物庶事莫不各有其所"，各个部分、各个要素相辅、相依、相成、相济，构成稳定的关系，形成和谐的秩序，这个整体才得以存在。

面对各行各业无数的位，人应当找到与自己的德才相匹配的位，做到"当位"，才能发挥自己的作用。在重要的领导之位上，必须"举贤才"。如果"才不配位"或"德不配位"，不仅于事无益，甚至还会造成危害。如果将一个"外行"放在必须具有专业素养的领导干部之职位上，则必定造成极大的错误。

原文

一阴一阳[1]之谓道，继[2]之者善也，成[3]之者性[4]也。

（《周易·系辞上传》）

注释

①一阴一阳：阴变阳，阳变阴。②继：承接。③成：生成。④性：本性，属性。

译文

一阴一阳的运行变化称为道，人从天道变化中获得了善，上天赋予人的善在人性中得以完成。

解读

任何事物的内部都包含着阴与阳这样相反的两方面，它们相互对立，但又彼此依存，并在一定条件下可以相互转化，这便构成了所谓的易道。在人与人相处时，一人刚一人柔，才能产生和谐。两人同为刚，则会形成激烈的冲突；两人同为柔，则缺乏活力。

人们认识上的偏差，就在于只看见一面，而看不见与之相反相对的另一面。或者是即使看到了事物的阴面与阳面，但不清楚阴与阳之间有种种关系。在列举的自然现象和社会现象的各对阴阳范畴中，每对范畴并不完全同时存在以上几种关系。例如，善为阳，恶为阴，善与恶有阴阳相反的特性，但没有阴阳相成的特性。

善与恶、正与邪等范畴，就是具有阴阳相反的特性，双方处于对立之中，处于斗争之中。“矛盾”一词就表达了阴阳相反的关系，矛与盾只能有一方获胜，要么是矛刺穿盾，要么是盾挡住了矛。但我们要注意，这条规律只能用于描述部分阴阳相对的范畴，并不适用所有的阴阳范畴。如果将阴阳相反、对立斗争无限夸大，以斗争为纲，这种理论放在和平时代，放在一切领域，就会给国家和人民带来巨大灾难。

除此之外，还有阴阳相互转化。

太极图中的圆圈代表太极，即万物之始。在太极之内含有两条黑白的阴阳鱼，黑色的代表阴，白色的代表阳。阴阳两鱼处于对立的状态，又相互紧密结合在一起。黑鱼有一白眼，白鱼有一黑眼，代表了“阴中有阳，阳中有阴”的阴阳互含关系。阴阳两鱼首尾相衔，环抱成一体，显示阴阳消长、生生不息。

事物处于变化之中，故阴会转化为阳，阳会转化为阴。以宽与严为例，清人赵藩所撰成都武侯祠对联云：“能攻心则反侧自消，从古知兵非好战；不审势即宽严皆误，后来治蜀要深思。”清世宗雍正也讲：“惟观乎其时，审乎其事，当宽则宽，当严则严而已。”离开具体的事物，就无法谈宽和严的问题。只能是根据处理事物的实际需要，应当宽时就宽，应当严时就严。

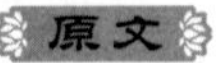

原文

日新[①]之谓盛德，生生[②]之谓易[③]。

（《周易·系辞上传》）

注释

①日新：指变化不止。②生生：阴阳转化相生。③易：变易。

译文

日日更新而自我完善称作盛美德行，天地阴阳生生不息地转化就叫作变易。

解读

君子行善，应该从一点一滴的小事做起，日有所进，日积月累，不可中断，终能养成自强不息、盛久不衰的大德。“生生”，第一个‘生’字为创生化育之义，第二个‘生’字指新的生命。

这里的“日新”和“生生”，都体现出强烈的创新精神。思想僵化、迷信盛行，会导致一个民族失去竞争力和生命力。中华民族要自立于世界民族之林，必须大力培育创新精神。特别是科学技术领域，创新才能产生新的产品，才能引领经济的发展。一个民族的创新能力不是从天而降的，主要是通过教育来培养的，也是通过良好的社会环境激发出来的。

当然，“日新”和“生生”是在原有的基础上得到不断进步、不断成长的。所以，我们不是割裂传统，而是在继承传统的前提下进行创新。创新与继承，二者相辅相成。抛弃继承而大谈创新，则大量优秀的文化就会消失，创新失去基础；只讲继承而不讲创新，则丧失活力，丧失竞争力。

原文

二人同心，其利[①]断金[②]；同心之言，其臭[③]如兰。

（《周易·系辞上传》）

注释

①利：锋利。②金：金属。③臭（xiù）：气味，此指芳香之气。

译文

两人心意相同，犹如利刃可以切断金属；心意相同的言语，其气味就像兰草一样芳香。

解读

“利”的意思是锐不可当，“断金”的意思是无坚不摧。“义结金兰”由此句而来，意思是结交与己很投合的朋友。人与人交往，就需要友好团结并和睦相处，遵循和为贵的道理，怀有谦卑的态度和柔顺的性情，这样彼此才能相处融洽，合作愉快。

原文

天之所助者，顺①也；人之所助者，信②也。

（《周易·系辞上传》）

注释

①顺：和顺。②信：诚信。

译文

凡是能够得到老天相助的，是由于他能够和顺；凡是能够得到人们相助的，是由于他取得人们的信任。

解读

我们做任何事情都要受到客观因素和主观因素两种因素的制约。“天”即客观因素，泛指外部因素，天时、地利与人和都包含在内；“人”即主观因素，也指内部因素，我们自己的状态、思想、努力程度等等。因此，要成功做一件事情，既需要有利的外部因素即各种外在条件的成熟，又需要自己的努力和奋斗。

天道至诚，所以生生不息。当一个人达到了“至诚”之境地，就会从内心深处激发起巨大的力量，做到兢兢业业，尽职尽责。将诚信用于工作中，就能做到敬业；用于国家，即可达到尽忠；用于家庭，就可以做到尽孝。朱熹说：“道之浩浩，何处下手？惟立诚才有可居之处，有可居之处则可以修业。”（《朱子语类》卷九十五）真实，乃是万象万物之存在的根本标志，如果某一物没有真实性，则该物便不存在。一个人若不讲诚信，在社会上就没有立足之地。朱熹说：“凡人所以立身行己，应事接物，莫大乎诚敬。”（《朱子语类 》卷一百一十九）一个人若讲诚信，就可以走遍天下，得到人们的信任和支持；如果不讲诚信，即使在家乡也是寸步难行的。

据说古代西方的某个国家，一个年轻人无意间触怒了国王，国王十分生气，下令三天以后将他处以绞刑。行刑前，年轻人对国王提了一个要求：他之前向别人许下了一个约定，希望国王能允许他暂时离开，用三天的时间完成这个约定。国王思考片刻之后，决定答应他的要求，以显示自己宽宏大度，但他也提了一个条件，那就是在年轻人离开的这一段时间，必须找到一个人来顶替他坐牢，如果三天之后他不回来，这个人就要替他服刑。得知这个消息后，年轻人的朋友达蒙立刻站了出来替他坐牢，年轻人得以赴约。

三天的时间很快就过去了，年轻人却没有回来，国王便派人将达蒙押赴刑场准备行刑。就在这时，年轻人飞奔到了刑场，对行刑官说：“我回来了，请放了我的朋友吧！”说完便走上了断头台。行刑官将事情报告给了国王，但国王不相信，决定亲自前来查看。来到刑场之后，国王看着年轻人和他的朋友，觉得难以置信，也深深地被年轻人的诚信以及他与达蒙之间的互相信任所打动，他做了一个决定：当场宣布释放年轻人和达蒙，并决定启用两人，对他们委以重任。后来，他们也为国家做了不少贡献。

原文

书①不尽言，言不尽意②。

（《周易·系辞上传》）

注释

①书：书面文字。②意：意义。

译文

书面文字不能完全承载语言，语言不能完全表达意义。

解读

语言描述与人的心情、精神状态、思想是有距离的，再高明的文学大家在这微妙的人类心情、有神状态面前也无才可施，难以将其一一展现，只能讲一大概，甚至皮毛。有时甚至会出现以言害义或者以文害义的情况。所以，对于言语、文字既不能不信，也不能全信，要根据自己的体会和感受加以评判和选择。

体证的过程与体证的成果很难用清晰的语言表达出来，只能用象征、比喻、意象等方式表达，绝不能将“混沌”讥评为“无序”“混乱”。逻辑思维强调的同一性、非矛盾性和排中性，在体证中不适用。

原文

默而成之，不言[①]而信[②]，存乎德行。

（《周易·系辞上传》）

注释

①言：言语，言辞。②信：取信。

译文

安静无为而成就万事万物，有美好德行的人，不需言辞就能取信于人。

解读

一个人如果顺应天道、天意，遵循万事万物的客观规律，就能够取信于人。上天所扶助的是能顺大道守规范的人，人们所扶助的是笃守诚信的人。这样的人处处合于大道，能够成就事物。

诚是真诚、忠诚、诚实、虔诚之意，而信则是信任、信誉、信用、信仰之意。古人说“诚于中，形于外”，诚偏向内在，偏向生命主体，是指内在的心态和品质。信则偏向外在，表现在自己的言行中，表现在自己与他人的关系中。北宋理学家张载云：“诚故信，无私固威。”（《张载集·正蒙·天道》）诚为体，信为用，非诚无以立信，非信无以明诚。以诚为本，方能产生信任、信誉、信用、信仰。如果，丧失诚这一根本，则信任、信誉、信用、信仰就会变成一种谋利的工具，成为伪装自己的伎俩，成为虚假而短暂的东西。所以，将“诚”与“信”这两个字结合起来，即为“诚信”，意义较为圆满。内诚外信表现为四种形态：真诚而有信任，忠诚而有信誉，诚实而有信用，至诚而有信仰。

原文

原始[①]反终[②]，故知死生之说。精气为物，游魂[④]为变，是故知鬼神之情状。

（《周易·系辞上传》）

注释

①原始：推原事物的本始。原，指推究、推求。②反终：反求事物的终结。反，指反求。

译文

从开始推到结束，所以知道关于生死的道理。精气凝聚而成为物形，气魂游散而造成变化，以此可以知道鬼神的真实情况。

解读

宇宙有多重生命空间。“明则有礼乐，幽则有鬼神”。人世间，为“明界”；其他生命空间，为“幽界”。“精气为物，游魂为变”，相传古人认为人体上存在着炁（qì）场。当人为善时，清炁就会进入人体炁场；当人为恶时，浊炁就会进入人体炁场。当人死之时，身形即散，人体炁场附存于灵魂上。更重要的是，如果为人一世，念念是善念，则灵魂中充满了善念；如果为人一世，念念是恶念，则灵魂中充满恶念。充满善念的灵魂，在附于灵魂上的清炁的助推下，向高级的生命空间行进；充满恶念的灵魂，在附于灵魂上的浊炁的助推下，向低级的生命空间沉沦。

楚灵王占卜时，提出这个要求：“我想得到天下！”结果，龟甲显现出不吉利的征兆。于是楚灵王丢掉龟甲，诅咒上天，并大叫："这点小小的愿望都不能满足我。我一定要自己去夺取天下!"楚灵王在申地召见蔡灵侯，杀掉蔡灵侯及其随行士人七十个，楚军包围了蔡国，灭掉蔡国。楚灵王接着杀了大司马而且霸占了他全部家产、田地，又粗暴地侮辱诸大夫，四面树敌。两年后，楚灵王外出打猎，受到他羞辱的人群起反叛。楚灵王的几个儿子被杀，派出去的平叛军队也四散而逃，楚灵王最终上吊自杀。

原文

刚柔[①]相推[②]，变[③]在其中矣。

（《周易·系辞下传》）

注释

①刚柔：指阳爻与阴爻。②相推：错综排列。③变：指卦象和爻象的变化。

译文

刚与柔相互激荡，变化就从中产生。

解读

刚就是阳的，柔就是阴的，阴阳互相作用，阳极必生阴，阴极必生阳，变化由此而产生。掌握了这一规律，就可以在变中寻求不变。当事物向相反的或不利的方面发展时，按照规律，采取有效的措施加以制止或者避免不好的方面进一步恶化。

智慧之人并不是一味地用刚，或者一味地用柔，而是懂得何种情况下应当刚，何种情况下应当柔。创业需要刚，而守业需要柔；在外需要刚，在家需要柔；处事需要刚，对人需要柔。上面所讲的，只是一种倾向性，并不是一方面排斥另一方面。创业需要刚，但也要有一定的柔在其中；守业需要柔，但也要有一定的刚在其中。

一天，一位志得意满的年轻人去拜访一位德高望重的老前辈。只见他昂头挺胸，大步向前，十分自信，谁料刚走进门，他的脑袋就“砰”的一声撞在了门框上。疼痛让他不得不连连用手揉搓被撞的地方，同时仔细打量那比他的身子矮了一大截的门。

就在这个时候，前来迎接他的老前辈笑着说：“疼吧？但这确实是你今天来拜访我得到的最大收获。”年轻人一边揉着头，一边不解地问老前辈：“为什么这么说呢？”老人平静地说：“记住，你要想平安无事地生活在这个世界上，就得学会该弯腰的时候弯腰，该低头的时候低头。这也是我今天要教给你的。”年轻人将这次拜访受到的教导看作一生中最大的收获，并将之作为人生的准则去遵守和践行，从而受益终生，并最终成为功勋卓越的一代伟人。

这个年轻人就是美国政治家富兰克林。刚柔相济，进退相宜，使富兰克林在政界大显身手，游刃有余。

原文

天地之大德曰生[1]。

（《周易·系辞下传》）

注释

①生：化生万物。

译文

天地的伟大品德就是生养万物。

解读

每个人都是生存链条上的一环，都有让生命继续传承下去的责任。只有高质量的健康的人生，才能享受快乐，才能谈及对社会对家人的承担和付出，才能谈及对国家对人类的贡献。生命只有一次，让我们以感恩之心虔诚地珍惜父母和天地自然赐予的生命。

在孔子生活的时代，贵族们死后都要有大量的陪葬品。其中就有大量的俑，它们是象征殉葬奴隶的人样模拟品，有的是用陶俑，有的是用木俑。

孔子对此深恶痛绝，痛斥道："始作俑者，其无后乎！"意思是说，最早使用陶俑、木俑陪葬的人，你们真应该断子绝孙啊！

孔子认为，如果仅仅是关爱我们人类自身的生命，那么范围太狭隘了，这种思想是片面的。自然界的一切生命都需要被关爱，甚至于一棵小草、一只蚂蚁，都是有生命的，都应该受到爱护。《论语·述而》记载："子钓而不纲，弋不射宿。""纲"

是在水中拉的网上的一条大绳，于绳上系鱼钩来钓鱼。这前半句话是讲，孔子认为用“纲”这种方法钓鱼是很残忍的一件事，是不能做的。这后半句话是讲，孔子宁愿射在天空中飞翔的鸟，也绝不射在巢中栖息的鸟。“扫地不伤蝼蚁命，爱惜飞蛾纱罩灯”，讲的就是对自然世界各种生命的尊重与爱护。

孔子的仁爱之心，不仅对人，而且对自然万物。人类与自然是一个不可分割的整体，人类不应当凌驾于自然万物之上。我们应该与自然万物和谐相处，以爱心善待它们。

原文

古者包牺氏[①]之王[②]天下也，仰则观象于天，俯则观法[③]于地，观鸟兽之文[④]与地之宜[⑤]，近取诸身，远取诸物[⑥]，于是始作八卦，以通神明之德[⑦]，以类[⑧]万物之情。

（《周易·系辞下传》）

注释

①包牺氏：又作伏羲氏，传说中的古代部落联盟的领袖，八卦的创作者。②王：称王。③法：法则，规律。④文：纹理。⑤地之宜：地上最宜于生长什么植物。⑥近取诸身，远取诸物：这是《周易》的取象途径和方法的两个方面，即一是从近处选取人事作为象征，二是从远处选取万物作为象征。⑦德：此为性质的意思。⑧类：按类归纳。

译文

古时候，伏羲氏作为天下的君王，仰头观察天象，低头观察地理，观看鸟兽的斑纹和大地的脉理，近处取象于自身，远处取象于万物，于是开始创作八卦，用来领会神明的道德，表达万物的情状。

解读

八卦产生于古代初民“观天俯地”的实践活动。“观象于天”中所讲的“天”，包括了日月星辰等。“观法于地”中所讲的“法”是指法则、道理、规律等。万物化育流行，蓬勃生长，这正是义理之天的生生之理的显现。董仲舒更明确地指出天的本原便是“仁”，这是天的义理层面：“天，仁也。天覆育万物，既化而生之，有养而成之，事功无已，终而复始，凡举归之以奉人。”（《春秋繁露·王道通三》）义理之天与人的德性合一，主要有两种方式。一种是内在禀赋与修养心性。上天将其义理禀赋于人心之中，孔子曰：“天生德于予。”（《论语·述而》）朱熹说：“性，即理也。天以阴阳五行化生万物，气以成形，而理亦赋焉，犹命令也。于是人物之生，因各得其所赋之理，以为健顺五常之德，所谓性也。”（《中庸章句》第一章）人通过反观内心，修养心性，就能将天生之德彰显出来。《中庸》曰：“天命之谓性，率性之谓道，修道之谓教。”上天所禀赋于人身的德性，只是潜质，还需主体的修养，才能呈现为高尚的品质。另一种是神圣旨令与敬畏信仰。在传统观念中，上天是道德准则与价值标准的终极维护者，崇高的道德与价值，是上天下达的神圣旨令，人是通过对上天的敬畏与信仰，诚心接纳并践行道德准则和价值标准的。这就是天道下贯于人身，即为人道。义理之天不是随意地支配人，而是凭其神圣与崇高，向人们发出弃恶从善的命令，赐福于有德之人，谴告有罪之人。周公深明此义，提出敬德、保民的思想：“天亦哀于四方民，其眷命用懋。王其疾敬德!”（《尚书·召诰》）“敬德”“保民”便是上天对于王者的指令。王者是否听从上天的指令，关键看王者是否敬畏上天。

原文

穷[1]则变，变则通，通则久。

（《周易·系辞下传》）

注释

①穷：尽。

译文

受到阻碍，就要变革，变革了就会通达，通达了就会长久。

解读

事物的发展变化是不以人的意志为转移的，人们应当掌握这一客观规律，并将其应用到实践当中。我们经常使用“变通”一词，表明遇事不要钻牛角尖，要学会善于变通，应当能屈能伸，圆融处理。

原文

黄帝、尧、舜[①]垂衣裳[②]而天下治，盖取诸乾坤。

（《周易·系辞下传》）

注释

①舜：传说中的上古帝王。②衣裳：上体之服为衣，下体之服为裳，衣居上象天，裳居下象地。

译文

黄帝、尧、舜改革服装，让人们穿着长垂的衣裳而天下大治，这大概是从乾卦和坤卦中得到了启发。

解读

黄帝裁定衣服的制度以此来治理天下，这是取象于上乾天、下坤地。上衣下裳象征上乾下坤，乾坤有定位，人民不逾矩，各守其分，天下自然得到治理。

儒家文化为中华民族的主体文化，汉服为汉族人民的传统服装，儒家汉服婚礼在中华大地上产生并延续数千年，《周礼》《仪礼》《礼记》等儒家经典均有明文记载。清朝时，广大汉族人民被迫放弃交领、右衽、宽袖、系带的汉服，而穿上了立领、对襟、盘扣的满服。从此，汉族人民延续数千年的汉服衣冠传统完全废弃。虽有“男从女不从”“仕宦从婚姻不从”的变通，举行婚礼时，女子可以穿明朝的“凤冠霞帔”，但男子已穿上旗人的礼服，儒家汉服婚礼就此彻底中断。满服以旗袍、唐装、长衫、马褂等简便形式流传下来，现在甚至被许多人误认为是汉族的传统服装。现在流行的“唐装”，其实是“唐人街华人的着装”，是清代马褂的延续与改良。但是，许多人却将“唐装”误认为“唐朝的服装”，误认为是汉族的传统服装。现在，世界各民族几乎都保留着自己本民族的服装，而人口众多的汉族人民，竟然丧失了自己的民族传统服装！

汉服的复兴是在保持中华民族内部各民族之间的团结、友好、平等的前提下进行的。我们倡议举办儒家汉服婚礼，目的在于推动汉服复兴运动，弘扬儒家文化，建设礼乐文化，这是建设中华民族共同精神家园的重要环节。复兴汉服，可以彰显民族标识，可以维护民族尊严，促进民族认同和礼乐文化。儒家文化要从书本上进入生活，必须同民俗民风建设结合起来。

汉服可以作为汉民族的礼服，在民族节日或民族礼仪活动中穿着，也可以作为儒释道三教教徒的服装使用。

原文

天下同归而殊涂[1]，一致而百虑。

（《周易·系辞下传》）

注释

①涂：通“途”。

译文

天下万物沿着不同的道路走向共同的目标，使千百种思虑合并为统一的观念。

解读

“殊途同归”，是说从不同的道路走到同一目的地，比喻采取不同的方法但最后可以得到相同的结果，达到相同的目的。“百虑一致”，即使有许多不同的打算与心思，但目的是一样的，都是为着同一方向、同一目标做打算。总而言之，这句话是说可以有许多不同的方法与措施达到一样的结果。谚语“条条大路通罗马”说的是同样的意思。

人类奉行类似的核心价值与道德标准，但在不同的国家，在不同的历史时期，具体内容、表现方式则是多样化的。例如，任何国家、民族都会认同一些核心价值，但是，不同国家和民族运用不同的文化体系来表达，在具体内容上会千差万别。

即便在同一国家、同一民族内部，也会存在着多样性的文化，尽管这些文化的核心价值是一致的。文化多元主义是对人类文化演变及现状的真实描述，强调存在多种多样根本不同（异质）且不可归并（还原）的文化。文化多元主义既可用于抵制西方文化霸权，也可用于保护汉族及少数民族的文化。一个民族应当有共识，全人类也应当有共识，当然共识不应当造成对多样性和异质性的压制。当代中国人的精神困惑，不是因为文化多元，而是因为在多元文化中丧失了对核心价值的坚守。人类如果没有共同的道德标准，就无法判断什么是应当的，什么是不应当的，并将陷于混乱之中。

原文

日往则月来，月往则日来，日月相推而明生焉。寒往则暑来，暑往则寒来，寒暑相推而岁①成焉。

（《周易·系辞下传》）

注释

①岁：年。

译文

太阳落下之时，月亮就升起；月亮落下之时，太阳就升起。太阳和月亮相互交替，光明就产生了。寒冷消退，暑热来临；暑热消退，寒冷来临。寒暑交替，年岁就形成了。

解读

日月寒暑、阴阳相感而自然生成变化的万物。运动是指宇宙间一切的事物、一切的现象的变化过程，运动是无条件的、永恒的和绝对的。静止是运动的一种特殊状态，静止是有条件的、暂时的和相对的。“阴阳”这对范畴可用于描述自然和社会中广泛存在的现象，将各种现象归纳为阴与阳。“阳”具有刚强的、动态的、向上的、亢奋的、开放的、积极的性质；“阴”则具有柔弱的、静态的、向下的、平静的、收敛的、消极的性质。西方已经开始重视中国的阴阳学说，并加以研究。波拉特认为，“阴相当于一切收敛的、反应性的、保守性的东西，而阳则指伸展的、扩张的、要求性的东西”。

原文

精义[1]入神，以致用也。

（《周易·系辞下传》）

注释

①精义：精研道义。

译文

精研道义，达到神而化之的境界，是为了尽致其用。

解读

精研人道之内蕴，使人们通达并且明白其中的道理；深究天道之神妙，使人们明白宇宙运行的客观规律。对二者进行研究和探索，并加以总结和归纳，以此来指导人们的生产生活实践。即把理论运用到实践中，为实践提供指导，从而服务实践。与此同时，在指导和运用的过程中，实践又检验着理论的真伪。

同一心灵生命的活动过程，就其内涵而论，为义理；就其活动而对外产生的影响而论，为践行。朱子的“格物穷理”，被后人推向极端，就会出现埋头于古书之中而忽视身心修养的现象，造成义理与践行之间的断裂。颜元批评理学家是“讲说多而践履少，经济事业则更少”（《存学编》卷三）。社会上普遍出现了虚伪、浮华、言行不一的现象，道德理论成了罪恶的装饰品。王阳明“知行合一”论是针对时弊而提出的。“知行合一”学说，全面论述了义理与践行是合一的关系。

社会上普遍存在着“知行分离”的现象，就是体证到义理，但是坐而论道，没有起而行道，没有显现为相应的践行。例如，沉溺于电子游戏有害身心健康，并且浪费宝贵时光，养成好逸恶劳的习性，这许多人知道。但知道这个道理的人却往往抵抗不了诱惑，常常沉湎于虚幻的游戏之中。

认识到某种道理很容易，而要做到则需要高尚的品格作保障。

一次，唐代大诗人白居易和一位得道高僧谈论佛道，相谈甚欢。

其间，白居易问道："何为得道?"高僧答道："诸恶不做，众善奉行。"意思是，不做邪恶之事，而要处处行善。

白居易听完之后，反问道："这样简单的道理，谁不懂啊?"高僧笑着，摇摇头，说道："就是这样简单的道理，连三岁的孩童都知道，可是八十岁的老人却做不到。"

原文

君子藏①器②于身，待时而动，何不利之有？

（《周易·系辞下传》）

注释

①藏：积蓄。②器：喻修养德能。

译文

君子身上事先藏着利器，等到合适的时机就采取行动，会有什么不利呢？

解读

君子已经具备了品德与才能，但还是需要谦虚地为人处世，不骄不躁，不自高自大，不自以为是，保持平常心态，冷静面对一切，并且能够耐心地等待着时机的成熟。等到时机成熟了就全力以赴施展自身的才华和能力，实现自身的价值，贡献自己的力量。

原文

君子安①而不忘危，存而不忘亡，治而不忘乱②，是以身安而国家可保也。

（《周易·系辞下传》）

注释

①安：居安，安居。②乱：祸乱，混乱。

译文

君子处于安全之中，不忘记有危险；生存之时，不忘记会灭亡；平安之时，不忘记有祸乱。所以，自身安全而且国家可以得到保护。

解读

君子居安思危，并不局限于已经取得的成果或成就，而是积极地对自身和对国家做长远的考虑和打算，未雨绸缪，思考当下与未来的自身与国家的存亡及命运。只有这样做，君子才能够长久地平安、顺利，国家才能够长久地存在、发展，不至于停滞不前。

中国的一家国有企业准备与一家英国公司合作，在洽谈合作事宜之前，这家国有企业就做了充足的前期准备工作。一切事宜就绪之后，这家国有企业邀请了英国公司的代表来自己的企业考察。

当时前来考察的是英国公司的总裁。他在这家国有企业领导的陪同之下，对企业的生产车间和技术中心等进行了参观。在仔细了解企业的具体情况之后，他对中方的设备、技术水平和工人的操作水平等都表示了认可，并答应愿意与其合作。得到肯定的回答之后，这家国有企业便设宴款待英国公司代表。

晚宴设在一家十分奢华的大酒楼，英国公司的总裁按时出席，同时还有20多位中方企业代表和市政府官员前来作陪。这位总裁得知此事后震惊不已，他认为如此奢华的晚宴绝不可能只是为了招待他一人，但事实却是如此。于是他便没有当场签协议，而是要求回去仔细考虑后再做回复。

这位总裁回国后，第一时间发了传真给中方，拒绝了与这家国有企业的合作。而收到传真的国企领导十分不解，明明当初谈得好好的，无论是技术、工人还是设备都是合乎要求的，最后中方对英方的款待也十分热情，到底是哪里出了问题令其拒绝了与自己的合作？他们决定问个明白。

于是，这家国有企业便发了一封信函要求对方给出合理的解释。英国公司的总裁很快就给出了回复。原来，英国企业考虑到中方企业为一顿毫无意义的晚饭就能浪费这么多钱，十分担忧一旦投入大量资金，会得到不好的结果，于是就拒绝了与中方的合作。而中方在得知一次重要的合作竟然被自己的一顿盛宴给毁了，顿时后悔不已，但木已成舟，再也没办法挽回了。这家国有企业的这顿盛宴，说明了“逸豫可以亡身”的道理。

原文

君子上交不谄[①]，下交不渎[②]。

（《周易·系辞下传》）

注释

①谄（chǎn）：巴结奉承。②渎（dú）：轻慢待人。

译文

君子与地位比自己高的人结交，不奉承讨好；与地位比自己低的人结交，不轻慢、高傲。

解读

“谄”与“渎”即谄媚和轻慢，二者都会败坏事物，并使事物堕落、后退，甚至破坏人际关系的和谐发展，导致各种不利方面的出现。真正的君子品行端正，为人真诚正直，他们并不谄媚地位尊上的人，也不轻慢地位卑下的人，而是一视同仁地对待他们，所以既能与尊上者关系融洽，又能与卑下者和睦相处，这就是君子为人处世之道。

阳谷是楚国大将司马子反的贴身仆人，负责照顾其饮食起居。他对主人忠心耿耿且爱护有加，从不曾违背主人的意愿。然而正是他对主人的忠心使他犯了一个大错，最后导致主人被杀。

原来，当时楚国国君楚恭王正坐镇军中，率领楚军在鄢陵与晋军交战，司马子反担任大将军一职。由于双方旗鼓相当，因此打了很长时间仍没有分出胜负。这时，楚恭王在激战中受了重伤，于是下令楚军鸣金收兵，回营休整。

刚从战场上下来的司马子反此时又渴又累，回到营帐中就嚷着要喝水。阳谷见主人如此劳累，心中十分不忍，便赶紧搬来一坛酒为主人解渴。生性嗜酒的司马子反平时一看见酒就什么都不顾了，一定要大醉方止。此时的他早已忘了自己身处战场，马上就要面临一场恶战，便伸手拿过酒杯，一杯接一杯地喝起来，最后醉倒在床上。

敌军在营外叫阵声不止。楚恭王也休整了半日，见时机成熟，便命将士们做好迎敌的准备，并派人到司马子反的营帐中催他领兵出战。然而，早已醉得不省人事的司马子反此时正躺在床上鼾声大作，任凭来人千呼万唤也醒不过来。失了将军的军队如何能打仗？楚恭王没办法，只得下令撤兵回朝。

回到朝中，楚恭王依照律法判了司马子反斩首之刑。得知此事后，子反的仆人阳谷悔恨不已，便向楚恭王请求用自己的性命来为子反顶罪。楚恭王拒绝了阳谷的请求，并严厉地告诉他："子反是国之大将，却在行军作战期间犯下如此严重的过错，给国家带来巨大的损失，你以为是你一个仆人能顶替得了的吗？而你作为仆人，只知道一味迎合主人，以至于你的主人犯下大罪，你的罪过也不小啊！"

最后，楚恭王将司马子反斩首示众，以告诫后来之人；而子反的仆人阳谷从此离开了楚国，不知去向。

子反的仆人阳谷迎合主人的不正当需要，违背了"上交不谄"的原则，最后害了主人。

原文

昔者圣人之作《易》也，将以顺性命之理[1]，是以立天之道曰阴与阳，立地之道曰柔与刚，立人之道曰仁与义。

（《周易·说卦传》）

注释

①理：规则。

译文

从前圣人创作《易》，用它来顺从性命之理，因此从天道上讲，确立阴与阳；从地道上讲，确立柔与刚；从人道上讲，确立仁与义。

解读

人类及天地的飞潜动植皆有其性有其命，因此“性命”在这里统指宇宙万物。天道、地道、人道各自按照其本性运行与发展，遵循客观规律，相互并不妨碍，各自都有各自的命运。天道是阴阳结合，宇宙万物均由阴阳构成。我们生存的环境是刚柔结合，山是刚，水是柔。而人与人之间的交往中，仁义是第一位的，讲仁义才能在社会上立足。

原文

有天地然后有万物，有万物然后有男女，有男女然后有夫妇，有夫妇然后有父子，有父子然后有君臣，有君臣然后有上下，有上下然后礼义有所错①。

（《周易·序卦传》）

注释

①错：同“措”，安置。

译文

天和地存在了之后万物才出现，万物存在了之后才会有男人和女人，男人和女人存在了之后夫妻才出现，夫妻存在了之后父子关系才出现，父子关系存在了之后君主和辅臣的关系才出现，君主和辅臣的关系存在了之后上下等级才出现，上下等级存在了之后礼仪才有必要设置。

解读

天地间阴阳二气交合才能化生万物，有了万物才能产生出男女、夫妇、父子、君臣、上下、礼仪等等伦理秩序和规范，于是，人们便遵从之。万物离开了天地就无法生存，因为天地是产生万物的根源，在天地之下万物得以生存生长。所以，古人非常尊崇天地，敬重礼拜天地，形成了按节气定期祭祀天地的礼仪制度，这也是古人敬畏宇宙自然的具体表现。

阴阳之间存在着“刚柔相摩”的互相作用，“刚柔相推而生变化”。婚姻建立在感情吸引的基础上，《周易正义》云：“夫妇之义，必须男女共相感应，方成夫妇。”

男女双方在性格与行为上存在着差异，形成差异互补的机制。如果男方具有刚健有为的精神，粗犷、勇敢、坚强、冷静、果断、理智，而女方具备柔顺细腻的感情，谨慎、含蓄、温柔、内向、感性，则双方一刚一柔，就会形成良好的配合。

孔子主张“夫妇和”（《礼记·礼运》）。人们常将琴与瑟一起演奏，互相唱和，形成和谐悦耳的音乐。琴瑟之好，比喻夫妻和谐，生活甜美。

图书在版编目（CIP）数据

五经读本/陈杰思编著. —北京：中国人民大学出版社，2016.8
（大众儒学经典）
ISBN 978-7-300-23056-6

Ⅰ. ①五… Ⅱ. ①陈… Ⅲ. ①儒家 ②五经-通俗读物
Ⅳ. ①B222.1-49 ②Z126.1-49

中国版本图书馆 CIP 数据核字（2016）第 145768 号

大众儒学经典
五经读本
陈杰思 编著
Wujing Duben

出版发行	中国人民大学出版社		
社　址	北京中关村大街 31 号	**邮政编码**	100080
电　话	010－62511242（总编室）		010－62511770（质管部）
	010－82501766（邮购部）		010－62514148（门市部）
	010－62515195（发行公司）		010－62515275（盗版举报）
网　址	http://www.crup.com.cn		
经　销	新华书店		
印　刷	涿州市星河印刷有限公司		
开　本	890 mm×1240 mm 1/32	**版　次**	2017 年 1 月第 1 版
印　张	11.875	**印　次**	2023 年 5 月第 2 次印刷
字　数	246 000	**定　价**	58.00 元